旺文社

改訂版

なぜ英語を学ぶのか

おうちの方へ

監修
大垣市教育委員会・教育総合研究所　所長　山田誠志

旺文社

［小学総合的研究］わかる英語

おうちの方へ

この冊子は，小学生のお子さまの保護者の方に，「なぜ英語を学ぶのか」「英語をどのように勉強すればよいか」といったことを知っていただくために作りました。英語の学習のヒントになることが書かれていますので，ご一読いただき，お子さまの学びに役立ててください。

旺文社編集部

CONTENTS

なぜ英語を学ぶのか

英語を学ぶ理由／英語で身につけたい4つの力

大垣市教育委員会・教育総合研究所　所長　山田　誠志

突然ですが，お子さんに「なぜ英語を勉強するの？」と聞かれたら，どのように答えますか。

「テストで必要だから」「英語ができるといい大学に入れるから」などの答えがあるでしょう。確かに，テストを受け，受験することは多くの子どもたちにとって避けられない現実です。しかし，残念ながらこれらの答えは，受験が終ってからも英語を学び続ける動機付けにはなりません。それでは，どのように答えればいいのでしょうか。私が考える「英語を学ぶ理由」は次の3つです。

1. 将来の可能性が広がる

私の知人に，学生時代，英語が大の苦手だったという人がいます。

彼は高校卒業後に，英語を全く必要としない地元の会社に就職しました。しかし，入社から15年後，その会社は商品を外国でつくり始めるようになったのです。以降，彼は，その国に年に何度も出張して，現地の人と英語で仕事をするようになりました。

彼は英語を勉強し直して，仕事で使えるまでになりました。このように，英語を使えることで，海外との取引先とも仕事ができるようになり，就きたい仕事の選択肢が広がります。

2. 毎日が楽しく豊かになる

小学生にとって，小学校に来ている外国人の先生（ALT）と英語で会話をしてコミュニケーションできたときの喜びは非常に大きなものです。

また，美しいメロディーの英語の曲が好きになり，歌詞の意味が分

かって，もっと好きになることもあります。同様に，洋画を字幕や吹き替えなしで観て，一部だけでも登場人物の言っていることが分かったときはうれしいでしょう。このように英語の曲や洋画を通じて外国のことを知り，自分の見方や考え方を広げ，深めることにもつながるでしょう。

3. しなやかに，たくましく生きられる

　小学校から中・高等学校までの外国語活動・外国語（英語）科で一貫して目標とされていることは，「外国語を通じて，コミュニケーション能力を養う」ことです。「コミュニケーション能力」は，今後のグローバル化社会において極めて重要です。

　子どもたちは今小学校で，自分とは異なる考えをもつクラスメートたちと一緒に何かを考え，決め，行動するという経験を日々しています。子どもたちは，われわれ大人が成長の過程で経験したのと同じように，今後もさまざまな場で，このような経験をしていくことになるでしょう。そこには外国の方がいるかもしれません。

　そのような状況で英語を使えると，外国の方とコミュニケーションをとることができ，多くのことを学び成長できるはずです。たとえば，「『空気を読む』」ことはよいことだと思っていたが，そんなことをしていては理解しあえない」ことを学ぶ子どももいるでしょう。ほかにも，「『おかげさまで』という言葉を使う私たち日本人の文化はすてきだな」と日本のよさを再認識する子どももいるかもしれません。

　このような学びを可能にするものが，次の2つだと思います。

◆異なる考え方を尊重し理解できる「しなやかさ」

◆自分の考えを分かりやすく相手に伝え，集団の中で，よりよく折り合いをつけていく「たくましさ」

　「しなやかさ」や「たくましさ」は，コミュニケーション能力の一部です。子どもたちには，英語を通じて，コミュニケーション能力を身に付け，これからの社会をしなやかに，たくましく，そして幸せに生きてほしいと心から願います。

英語で身につけたい4つの力

1　聞く力 (listening)

●「英語の音声の特徴」に気付き，聞き取ること

「英語の音声の特徴」とは，「発音」「アクセント」「イントネーション」「区切り」などのことです。

英語の発音の中には，日本語の発音にはない音があります。たとえば，日本語の"オレンジ"と英語の"orange"の発音やアクセントは異なります。ほかにも，Thank you. と発音する場合，Thank の k と you の y がつながります。

このように，英語の音声は日本人にとっては難しい場合が多いですが，英語をたくさん聞くことで徐々に慣れていくものです。小学生の子どもたちは，音に対する適応能力が大人に比べて高いと言われています。実際に授業で子どもたちを見ていて何度も経験したことですが，子どもたちは，英語の音声に敏感に反応し，その特徴に気付いたり，おもしろがってまねたりしていました。

● 話のあらましや要点を聞き取ること

相手の言っていることを聞き取るには，強調されている単語や自分が聞き取れた単語から話のあらましを頭の中でまとめ，要点を推測しながら聞くことが大切です。

また，「知りたいことは何か」ということを明らかにした上で聞くという態度も大切です。この力を身に付けるためにも，英語をたくさん聞くことが必要不可欠です。

● 内容を確認しながら聞くこと

相手の話す内容を確認しながら聞くことは，対話しているときに必要な力です。

相手が言ったことが聞き取れない場合は，Pardon?（もう一度お願いします）や More slowly, please.（もっとゆっくりお願いします）などと言って聞き返す積極性が大切です。

言い直しをお願いしたり，確認したりすることは，とかく日本人が苦手としていることと言われています。しかし，これらのことは，恥ず

かしいことでも失礼なことでもありません。コミュニケーションを成立させる上で必要なことであり，相手を理解しようとする誠実な姿勢なのです。

「聞く力」を身に付ける学習方法

- 英語の音は日本語の音に置き換えず，そのまま理解する。
- 分からない単語は気にしすぎず，聞き取れた単語から全体の意味を類推して聞こうとする。
- 「誰が」「どのような場面で」「何について」など，頭の中で整理しながら聞くようにする。
- 英語を声に出して読むことを大切にする。

2　話す力 (speaking)

● 英語の音声の特徴をとらえて正しく発音すること

先ほど，「子どもたちはおもしろがって聞こえてきた英語の音をまねする」と述べました。しかし，子どもたちは年齢が上がるにつれて，恥ずかしさからか，いわゆる「英語らしい」発音をしなくなる傾向があるように思います。これは大変もったいないことです。

英語で日本語にはない音を発音するには，英語特有の舌や唇などの動かし方が必要です。しかし，そのような舌や唇の動かし方をすることなく子どもたちはこれまで生活してきています。つまり，日本人が英語らしい音を発するためには，それに応じた舌や唇などの動かし方が自然にできるように，繰り返し，意識して動かす練習が必要になるということです。イントネーションやアクセントの置き方についても同じことが言えるでしょう。

World Englishes という言葉があります。中国人は中国人の話す英語，インド人にはインド人の話す英語，日本人には日本人が話す英語があってよい，という考え方です。確かに，私たち日本人が話す英語は，どれだけ練習をしたとしてもネイティブ・スピーカーと同じようにはなれないかもしれないですし，そのようになる必要もありません。しかし，だからといって，意思疎通が困難になるようでは困ります。実際，発音やイントネーション，アクセントの不自然さは，外国人とのコミュニケーションが成立しない大きな原因になりうるのです。極力ネイティブ・スピーカーの英語をまねして発音する

ことは必要なことだと考えます。

● 考えや気持ちを伝え合うこと

考えや気持ちを英語で伝えるために必要なことが少なくとも2つあります。

自分の考えや気持ちの「理由」をもつこと。

「自分が住んでいるこの町のいいところはどこだと思う？」とお子さんに聞き、返事が返ってきたら、「どうしてそう思う？」と、理由を聞いてみてください。このとき、お子さんの答えの内容は問題ではありません。

大切なことは、自分なりの考えをもつこと。そして、そう考える理由をもつことです。自分の考えを相手に分かってもらうためには、その考えの理由を相手に伝えることが重要なのです。

学習した単語や文を使う機会を多くもつこと。

お子さんがI like ～.（私は～が好きです）という表現を学習したら、「好きな食べ物を英語で言ってみて」と、自分のことを紹介するよう促してあげてください。もし可能ならば、What food do you like?（何の食べ物が好き？）と英語で質問してあげてください。そのようにして、学校で学習した単語や文を実際に使う機会を多くもたせてあげてほしいと思います。

学習した単語や文を思い出して、繰り返し使うことは、それらを身に付けるために欠かせないことです。

「話す力」を身に付ける学習方法

・英語の音やリズムは聞こえたとおりにまねして発音する。
・身近な事柄や本に書かれていることなどについて、「自分はどう思うか」「なぜそう思うか」と考える癖をつける。
・学習した単語や文を使って自分の考えや気持ちを表現する機会を多くもつ。

3　読む力（reading）

● 文字と音を関連付けて単語を読むこと

たとえば、August（8月）という単語を小学生の子どもたちが読もうとするとどうなるでしょう。ローマ字を学習している子どもたちは、「アウグスト」などと読むのかもしれません。ローマ字は日本語ですか

ら，その読み方を使っても英単語を正しく読めないのは当然のことです。英語は日本語とは異なるものとして，文字と音を関連付けながら，一つ一つ読み方を理解していく必要があります。

また，英単語の発音を，それと近い日本語の発音に置き換えてしまうことは，英語のつづりを見て正しく発音するという読む力を身に付ける上で避けたいことです。

● 単語と単語のつながりやイントネーションなどに注意して英文を読むこと

I play basketball in the gym.（私は体育館でバスケットボールをします）という英文を読むときは,「話す」ときと同じように，単語を一語ずつ読まずに，単語と単語のつながりに注意し，適切なイントネーションで読む必要があります。音で覚えて発話していた時は自然なイントネーションで言えていたのに，書かれた文字を読み始めたとたん，単語を一語一語区切りながら言ってしまうということがないようにしたいものです。

小学生の多くは，英語を読んでみたい，読めるようになりたいと思っ

ています。また，中学校への円滑な接続という点からは,「読むこと」の学習を一定程度小学校から始めることは必要なことでしょう。

「読む力」を身に付ける学習方法

・すでに慣れ親しんだ単語や英文を読むようにする。
・自分が興味をもっている英語，身の回りにある英語を読むようにする。
・文字と音を関連付けながら声に出して読む。
・音声をまねしながら，正しい発音で読む。

4 書く力（writing）

● 文字を識別し，単語と単語の区切りに注意して書く

「文字を識別する」とは，たとえば，pとq，pとb，pとPのように，似たアルファベットどうしや，大文字と小文字を区別することです。このようなアルファベットの文字の形の違いを識別することは，大人が思う以上に子どもにとっては難しいことです。

また，英語は日本語と違い，単語を一つずつ区切って書かなくてはい

けません。しかし，「語と語の区切りを注意する」ということを意識しなくてよい日本語の書き方に慣れている子どもにとって，単語と単語の間をあけて書くということは，簡単ではない場合が多いようです。

そのほか，アルファベットや単語一つ一つの大きさのバランスをとりながら書くことも，英語学習の初期段階においては重要なことです。

正しく，読みやすく書けるようになるには時間がかかります。ほかの力以上に個人差が出やすいでしょう。しかし，英語を書けるようになりたいと多くの子どもが願っています。時間はかかるかもしれませんが，継続することで，どの子どもも必ず単語や文を書けるようになると思います。

「書く力」を身に付ける学習方法

- ・すでに慣れ親しんだ単語や英文を書くようにする。
- ・単語や英文を書く際は，お手本を見ながら書き写す学習から始める。
- ・書いた単語や英文はためておくとよい。定期的に以前自分が書いた単語や英文を見返すことで，自分の成長を実感できる。
- ・友だちの誕生日にメッセージカードを英語で書くなど，相手に読んでもらうという目的があると，楽しく学習できる。

監修者紹介

山田 誠志
（大垣市教育委員会・教育総合研究所　所長）

1968 年岐阜県出身。京都教育大学及び岐阜大学大学院卒。1991 年4月から岐阜県高鷲村立学校教員として勤務を始める。その後，大垣市教育委員会，西濃教育事務所，文部科学省初等中等教育局国際教育課外国語教育推進室，岐阜県教育委員会学校支援課を勤務した後，文部科学省初等中等教育局教育課程課教科調査官および情報教育・外国語教育教科調査官，国立教育政策研究所教育課程研究センター研究開発部教育課程調査官を併任。その後，岐阜県大垣市立西部中学校校長として勤務した後現職。現在は，大垣市教育委員会・教育総合研究所所長。

わかる英語

改訂版

Obunsha

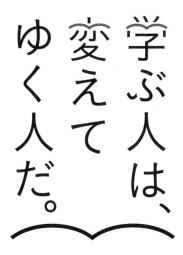

学ぶ人は、
変えて
ゆく人だ。

目の前にある問題はもちろん、

人生の問いや、社会の課題を自ら見つけ、

挑み続けるために、人は学ぶ。

「学び」で、少しずつ世界は変えてゆける。

いつでも、どこでも、誰でも、

学ぶことができる世の中へ。

旺文社

旺文社

小学総合的研究

わかる

改訂版

Obunsha

はじめに

　みなさんは，今，学校で英語を習っていますか？ たとえ学校で習っていなくても，テレビやゲームで英語を身近に感じることは多いのではないでしょうか。

　現在の日本では，外国の人たちとやりとりをする機会も増えて，英語が必要な場面が以前よりもたくさんあります。そのため，できるだけ早い小学校のうちから英語に慣れ親しむように，小学校で英語の授業が本格的に実施されています。

　この本は，英語に慣れ親しんで学ぶ力をつけるために，活用していただくものです。英語を学ぶ目的は，「英語を聞いて，話して，読んで，書けるようになる」ということだけではありません。英語を身につけることで，みなさんが大人になって仕事をするときに，外国の会社ともやりとりできるようになり，世界でかつやくできるかもしれません。また，外国の人と友だちになったり，外国の音楽や映画などをもっと楽しむことができたり，毎日の生活が豊かになります。そして何よりも，外国のさまざまな人や文化にふれることで，異なる考え方を理解し合える人間力を身につけることにつながるのです。

　英語を身近に感じて学ぶ力をつけるために，この本をいつも机に置いて，わからないことや気になることを調べるのに使ってください。みなさんが英語を好きになり，将来を楽しく幸せに生きていくきっかけになってくれればと願っています。

株式会社　旺文社　代表取締役社長

粂川秀樹

本書の特長と使い方

● 基本的なアルファベットから，発音，単語，会話表現，文法，資料，英語を使ったゲームまで，楽しく学習できます。

● イラストを多く使っており，見やすく，わかりやすい誌面です。

● 充実したさくいんがついており，調べる学習にも向いています。

※カナ発音と発音記号は，基本的に『マイスタディ英和辞典』（旺文社）にならっています。

※英単語や英文にはカナで読み方が振ってありますが，これは英語での発音を必ずしも正確に表したものではありません。英文の場合には，単語と単語がつながって音が変化することもあります。正しい発音は付属の音声で確認してください。

※「会話・単語編」の単語には，英検５・４・３級によくでるものにマークがついています。これは『マイスタディ英和辞典』（旺文社）にならっています。

音声の利用法

本書では，パソコン・スマートフォン・タブレットを使って，音声を無料でご利用いただけます。音声の番号は 01 🔊 のように二次元コードの横に表示しています。

●パソコンで聞く方法

① インターネットで以下の専用サイトにアクセス

➡ https://service.obunsha.co.jp/tokuten/sske/

② 以下のパスワードを入力

➡ パスワード：sske2（※すべて半角英数字）

③ 音声ファイルをダウンロードまたはウェブ上でストリーミング再生

注意 ◎ダウンロードについて：スマートフォンやタブレットでは音声をダウンロードできません。 ◎音声ファイルはMP3形式です。ZIP形式で圧縮されていますので，解凍（展開）して，MP3を再生できるデジタルオーディオプレーヤーなどでご活用ください。解凍（展開）せずに利用されると，ご使用の機器やソフトウェアにファイルが認識されないことがあります。デジタルオーディオプレーヤーなどの機器への音声ファイルの転送方法は，各製品の取り扱い説明書などをご覧ください。 ◎ご使用機器，音声再生ソフトなどに関する技術的なご質問は，ハードメーカーもしくはソフトメーカーにお問い合わせください。 ◎音声を再生する際の通信料にご注意ください。 ◎本サービスは予告なく終了することがあります。

●スマートフォン・タブレットで聞く方法（アプリ）

音声を旺文社公式リスニングアプリ「英語の友」でも聞くことができます。

https://eigonotomo.com/

「英語の友」で検索の上，公式サイトよりアプリをインストールし（右の二次元コードからも読み込めます），アプリ内のライブラリよりご購入いただいた書籍を選び，追加ボタンをタップしてください。

注意 ◎本アプリの機能の一部は有料ですが，本書の音声は無料でお聞きいただけます。 ◎アプリの詳しいご利用方法は「英語の友」公式サイト，あるいはアプリ内のヘルプをご参照ください。 ◎本サービスは予告なく終了することがあります。

◎英語のしくみ編

アルファベット・単語・文の書き方，音，符号についてなどの英語の基本事項を学ぶことができます。

付属の音声で，発音を確認できます。

英単語には，カナで読み方が振ってあります。

英単語をイメージできるイラストがついています。

◎会話・単語編

場面やジャンルごとに，英会話表現と英単語をまとめています。音声で発音を確認しながら会話表現と単語を身につけましょう。

会話表現の一部の単語を入れ替えてみることもできます。

英検にでる単語には表示があります。
5級，4級，3級の3種類あります。

◎文法編

基本的な文法項目を解説しています。小学校で英語の文法は習いませんが，英文のしくみなどを知りたいときに調べて使いましょう。

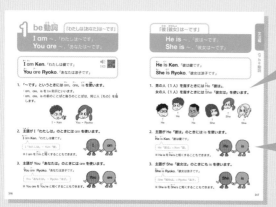

なるべくかんたんな表現を用いたわかりやすい解説です。

イラストを多く使ってわかりやすく説明しています。

◎資料編

ものの数え方，日記の書き方，使い分けがまぎらわしいことばなどの役立つ資料がまとめてあります。最後には，英語を使ったゲームもあるので，家族や友だちと遊びながら英語を身につけましょう。

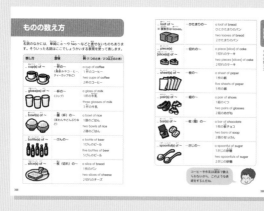

まとめて確認すると便利な資料を掲載しています。

こんなときに使おう

英会話表現や英単語を覚えたいとき

会話・単語編には，場面ごと，ジャンルごとに英会話表現と英単語が収録してあります。知りたい場面やジャンルのみを読んでもいいですし，最初から読んでいってもかまいません。付属の音声で，発音も確認しながら学習しましょう。

学校や英語教室でわからないことがあるとき

さくいんは「アルファベットさくいん」と「日本語さくいん」に分かれています。調べたいことがあるときは，ここでわからない語句を見つけて，その説明があるページを開いて調べましょう。

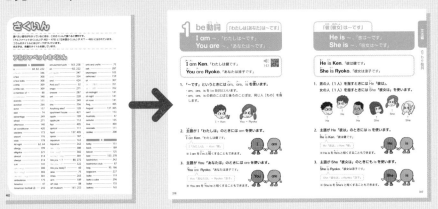

もくじ

8

スタッフ

編集：高杉健太郎

執筆・編集協力：有限会社 マイプラン，
　　　　　　　　株式会社 シー・レップス

校正：株式会社 交学社，本多美佐保，
　　　　株式会社 ぷれす

イラスト：松本麻希，アキワシンヤ，コバタキミコ，
　　　　　　榎本はいほ，伊藤さちこ

装丁デザイン：及川真咲デザイン事務所　内津剛

本文デザイン：及川真咲デザイン事務所　林慎一郎

組版：株式会社 ユニックス

録音：ユニバ合同会社

ナレーション：Greg Dale, Julia Yermakov,
　　　　　　　　日野まり

英語のしくみ編

アルファベット

アルファベットの文字は全部で 26 字。それぞれ大文字と小文字があります。書き順と発音を確認しましょう。

大文字

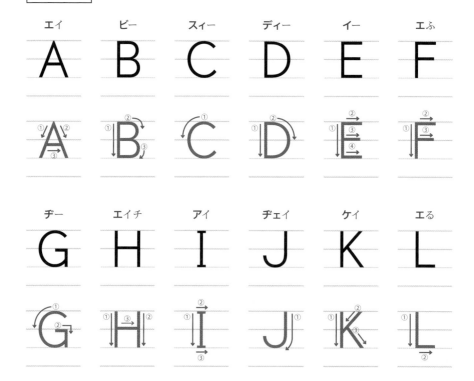

丸数字の順番に書くんだね！

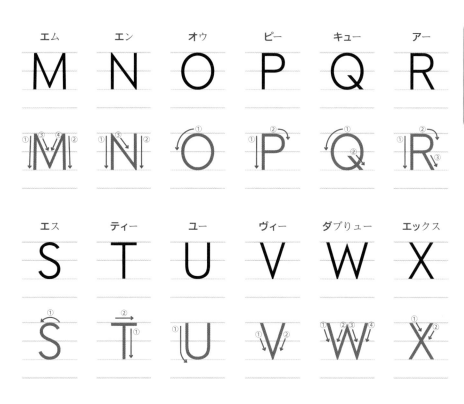

書き順を参考に1つずつ書いてみましょう。

15

小文字

エイ	ビー	スィー	ディー	イー	エふ
a	b	c	d	e	f

ヂー	エイチ	アイ	ヂェイ	ケイ	エる
g	h	i	j	k	l

エム	エン	オウ	ピー	キュー	アー
m	n	o	p	q	r

小文字のbとdって似ているね。

エス　ティー　ユー　ヴィー　ダブリュー　エックス

s　t　u　v　w　x

ワイ　ズィー

y　z

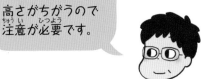

小文字はそれぞれ
高さがちがうので
注意が必要です。

高さに注意して書こう

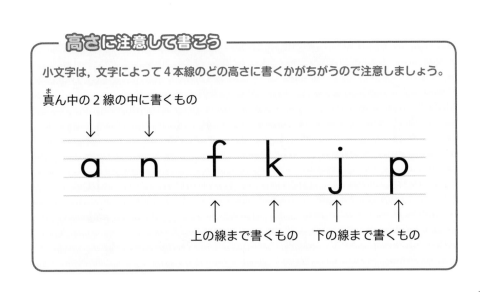

小文字は、文字によって4本線のどの高さに書くかがちがうので注意しましょう。

真ん中の2線の中に書くもの
↓　　↓

a n f k j p
　　　↑　↑　　↑　↑
　　上の線まで書くもの　下の線まで書くもの

アルファベットを組み合わせると，いろいろな意味のことばが表せます。これを単語といいます。

例）アルファベット エイ ビー ピー エる イー [a] [p] [p] [l] [e] ⟶ 単語 アプる apple 「リンゴ」

A a	B b	C c	D d
アプる apple	ボーる ball	キャット cat	ド(ー)グ dog

E e	F f	G g	H h
エッグ egg	ふィッシ fish	ギター guitar	ハウス house

I i	J j	K k	L l
アイス ice	ヂュース juice	キー key	らイオン lion

18

M m ミるク milk	**N n** ノウトブック notebook	**O o** オ(ー)レンヂ orange	**P p** パンダ panda
Q q クウィーン queen	**R r** ラケット racket	**S s** サン sun	**T t** トゥレイン train
U u アンブレら umbrella	**V v** ヴァイオりン violin	**W w** ワ(ー)ッチ watch	**X x** バ(ー)ックス bo<u>x</u>
Y y ヤ(ー)ット yacht	**Z z** ズー zoo		

アルファベットだけのとき
と，単語の一部になったと
きとは読み方が変わるのね。

19

単語の書き方
<ruby>単<rt>たん</rt></ruby><ruby>語<rt>ご</rt></ruby>

単語の書き方を見ていきましょう。

●単語は小文字で書きます。

ボイ
boy 「男の子」

キャップ
cap 「ぼうし」

●文字と文字の間はつめすぎたり，あけすぎたりしてはいけません。

○ちょうどいい。　　×つまりすぎ！　　×広すぎ！

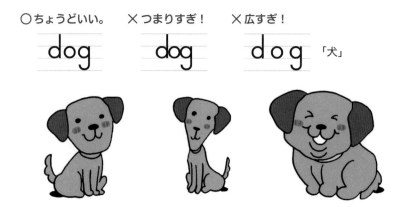

dog　　dog　　d o g 「犬」

●以下の単語の最初の文字は大文字にします。
<ruby>以<rt>い</rt></ruby><ruby>下<rt>か</rt></ruby>　<ruby>最初<rt>さいしょ</rt></ruby>

・月 / 曜日　　　（例）April「4月」　　Monday「月曜日」

・国名 / 地名　　（例）Japan「日本」　　Osaka「<ruby>大阪<rt>おおさか</rt></ruby>」

・人の名前　　　（例）Ryoko「涼子」　　Ken「健」

文の書き方

単語をルールにそって並べてできたものを文といいます。

・文の初めの単語は大文字で書き始めます。
・単語と単語の間は小文字1字分くらいあけます。
・文の最後はピリオド（.）をつけます。

文の最後はピリオド(.)。最後の文字にくっつける。

アイ アム
 「わたしは涼子です」

単語と単語の間は小文字1字分あける。

文の最初の文字は大文字。

「わたしは」の意味のIは文のどこにあってもいつも大文字です。

・たずねる文のときは，最後にクエスチョンマーク（?）をつけます。

アー　　　ユー　　　ミスタァ
Are you Mr. Tanaka?

文の最後はクエスチョンマーク（?）。
最後の文字にくっつける。

「あなたは田中先生ですか？」

※ Mr.「（男性の）〜さん，〜先生」，Ms.「（女性の）〜さん，〜先生」などの単語も最初の文字は大文字にします。

Ms. Davis「デイビス先生」

女性は Ms. 男性にはMr. をつけるのよ。

21

音

003

英語の読み方は発音記号を用いるとわかりやすくなります。1つ1つを覚える必要はありませんが，音声を聞いて音を確認しましょう。カナ発音は正しい発音に近い音を表していますが，あくまで目安です。

英語の音には母音と子音という2つの種類があります。母音と子音のそれぞれの発音のしかたを見ていきましょう。

●母音

「ア，イ，ウ，エ，オ」のような音をいいます。短く読む母音（短母音）と長く読む母音（長母音）と母音が2つつながったもの（二重母音）の3つがあります。

短母音の発音

カナ発音	発音記号	発音のしかた	例
イ	[i]	「イ」と「エ」の間くらいの音。	ﾌィッシ fish [fiʃ] 「魚」
エ	[e]	「エ」より少しはっきり発音する。	エッグ egg [eg] 「卵」
ア	[æ]	口の形は「エ」で「ア」と発音する。	キャップ cap [kæp] 「ぼうし」
	[ɑ]	口を大きく開け，奥のほうから「ア」と発音する。	ア(ー)ックス ox [ɑ(:)ks] 「雄牛」
	[ʌ]	口を少し開いて，短く「ア」と発音する。	ﾗｳ love [lʌv] 「愛する」
	[ə]	口を少し開いて，弱く「ア」と発音する。	アバウト about [əbáut] 「〜について」
ウ	[u]	くちびるを丸めて「ウ」と発音する。	ﾌﾞｯｸ book [buk] 「本」

長母音の発音

カナ発音	発音記号	発音のしかた	例
イー	[i:]	くちびるを左右に引いて, はっきり「イー」と発音する。	イート eat [i:t] 「食べる」
アー	[ɑ:]	口を大きく開け, 奥のほうから「アー」と発音する。	ふァーざァ father [fɑ́:ðər] 「父」
ア〜	[ə:r]	口を少し開いて, 「アー」と発音する。	ガ〜る girl [gə:rl] 「女の子」
オー	[ɔ:]	口を大きく開き, くちびるを丸めて「オー」と発音する。	コーる call [kɔ:l] 「よぶ」
ウー	[u:]	くちびるを丸めてはっきり「ウー」と発音する。	ムーン moon [mu:n] 「月」

二重母音の発音

カナ発音	発音記号	発音のしかた	例
エイ	[ei]	はっきりとした「エ」+弱い「イ」。	エイト eight [eit] 「8」
アイ	[ai]	はっきりとした「ア」+弱い「イ」。	アイ eye [ai] 「目」
オイ	[ɔi]	くちびるを丸めてはっきりとした「オ」+弱い「イ」。	ボイ boy [bɔi] 「男の子」
アウ	[au]	はっきりとした「ア」+くちびるを丸めた弱い「ウ」。	ナウ now [nau] 「今」
オウ	[ou]	くちびるを丸めた「オ」+くちびるを丸めた弱い「ウ」。	コウト coat [kout] 「コート」
イア	[iər]	はっきりとした「イ」+口を少し開いた弱い「ア」。	イア ear [iər] 「耳」
エア	[eər]	「エ」に近い「イ」+口を少し開いた弱い「ア」。	ベア bear [beər] 「クマ」
ウア	[uər]	くちびるを丸めた「ウ」+口を少し開いた弱い「ア」。	ユア your [juər] 「あなたの」

●子音

子音とは母音以外の音をいいます。

カナ発音	発音記号	発音のしかた	例
プ	[p]	くちびるをいったん閉じ，その後強く息を出すのが[p]，声を出すのが[b]。	ペン pen [pen] 「ペン」
ブ	[b]		ブルー blue [blu:] 「青」
ト(ゥ)	[t]	舌の先を上の歯ぐきにつけて閉じ，その後強く息を出すのが[t]，声を出すのが[d]。	テン ten [ten] 「10」
ド(ゥ)	[d]		ディ day [dei] 「日」
ク	[k]	舌の奥を上につけて閉じ，その後強く息を出すのが[k]，声を出すのが[g]。	キー key [ki:] 「かぎ」
グ	[g]		バッグ bag [bæg] 「かばん」
ふ	[f]	上の歯を下くちびるに軽く当てて息を出すのが[f]，声を出すのが[v]。	フェイス face [feis] 「顔」
ヴ	[v]		ヴェリィ very [véri] 「とても」
ス	[s]	舌の前を上の歯ぐきに近づけて息を出すのが[s]，声を出すのが[z]。	セイ say [sei] 「言う」
ズ	[z]		ズー zoo [zu:] 「動物園」
す	[θ]	舌先を上の歯の先に軽く当てて息を出すのが[θ]，声を出すのが[ð]。	スリー three [θri:] 「3」
ず	[ð]		ゼイ they [ðei] 「彼らは［が］」

発音のしかたは同じでも，息を出す音と，声を出す音があります。

24

カナ発音	発音記号	発音のしかた	例
シ	[ʃ]	くちびるを前に出しながら丸め，舌の前を上の歯ぐきに近づけて息を出すのが[ʃ]，声を出すのが[ʒ]。	シップ ship [ʃip] 「船」
ジ	[ʒ]		メジャ measure [méʒər] 「測る」
フ	[h]	のどの奥から息を出す。	ビハインド behind [biháind] 「〜の後ろに」
チ	[tʃ]	舌の前を上の歯ぐきにつけ，少しだけ離して息を出すのが[tʃ]，声を出すのが[dʒ]。	チェア chair [tʃeər] 「いす」
ヂ	[dʒ]		ヂュース juice [dʒuːs] 「ジュース」
ム	[m]	くちびるを閉じたまま鼻から声を出す。	サム some [sʌm] 「いくつかの」
ン	[n]	舌の先を上の歯ぐきにつけたまま鼻から声を出す。	ネック neck [nek] 「首」
ング	[ŋ]	舌の奥を上につけたまま鼻から声を出す。	ヤング young [jʌŋ] 「若い」
る	[l]	舌の先を上の歯ぐきにつけて，舌の両横を開けて声を出す。	るック look [luk] 「見る」
ル	[r]	舌の先をそらせながら上の歯ぐきに近づけて（くっつけない）声を出す。	レッド red [red] 「赤」
イ	[j]	舌の前を歯ぐきのやや後ろのほうに近づけて声を出す。	イエス yes [jes] 「はい」
ウ	[w]	くちびるを丸めながら舌の奥を上に近づけて声を出す。	ウェイ way [wei] 「道」

英語の符号

英語にはアルファベットの他に，文の中で使う，いくつかの符号があります。主なものを見ていきましょう。

符号は前の文字にくっつけるんだよ。

.
ピリオド（.）
文の終わりに使います。
My name is Ryoko. 「わたしの名前は涼子です」

,
コンマ（,）
文をとちゅうで区切るときに使います。
コンマの後は小文字1字分あけます。
Hello, I am Ken.「こんにちは，わたしは健です」

?
クエスチョンマーク（?）
何かをたずねる文の終わりに使います。
How are you?「元気ですか？」

!
エクスクラメーションマーク（!）
感心したり，何かを強く言いたいときに使います。
That's nice!「それはすてきね！」

'
アポストロフィ（'）
単語を短い形にしたり，「～の」という意味を表すときに使います。
I'm 〈I am の短い形〉　　Ken's bag 「健のかばん」

" "
クォーテーションマーク（" "）
文の中で，会話の部分を示すときに使います。
Ken said, "Let's sing."「健は『歌いましょう』と言いました」

-
ハイフン（-）
2つの語をつなげて1つにするときに使います。
twenty-four 「24」

会話・単語編
かいわ・たんご

1 あいさつ

朝のあいさつ 〜おはよう〜

004

グッド　モーニング
Good morning, Ken.

おはよう，健。

グッド　モーニング　ミスタァ
Good morning, Mr. Tanaka.

おはようございます，田中先生。

会話表現をチェック！

グッド　モーニング
Good morning. は，午前中に使うあいさつです。

昼のあいさつ 〜こんにちは〜

005

グッド　アふタヌーン　ヂャ(ー)ン
Good afternoon, John.

こんにちは，ジョン。

グッド　アふタヌーン　りーサ
Good afternoon, Lisa.

こんにちは，リサ。

会話表現をチェック！

グッド　アふタヌーン
Good afternoon. は，午後に使うあいさつです。

夕方のあいさつ ～こんばんは～

006

グッド　イーヴニング　ミズ　デイヴィス
Good evening, Ms. Davis.

こんばんは，デイビス先生。

グッド　イーヴニング
Good evening, Ryoko.

こんばんは，涼子。

会話表現をチェック！

グッド　イーヴニング
Good evening. は，夕方や夜に使うあいさつです。

夜のあいさつ ～おやすみなさい～

007

グッド　ナイト　マ(ー)ム
Good night, Mom.

おやすみなさい，ママ。

スリープ　ウェる
Sleep well, Ken.

よく寝なさいね，健。

会話表現をチェック！

グッド　ナイト
Good night. は，夜寝るときや，夜に別れるときのあいさつです。

[メモ] 先生を呼ぶとき，女性の先生なら苗字の前に Ms. を，男性の先生なら，Mr. をつけます。

知っている人へのあいさつ
～こんにちは～

008

ハイ
Hi, Ryoko.

やあ，涼子。

へろウ　ミスタァ スミす
Hello, Mr. Smith.

こんにちは，スミス先生。

会話表現をチェック！

へろウ　　　　ハイ　　　　　　　　　　　　　つか　　　　　ハイ
Hello. や **Hi.** は，いつでも使えますが，**Hi.** のほうがくだけた言い方です。

お礼　～ありがとう～

009

サンク　　　ユー　　　りーサ
Thank you, Lisa.

ありがとう，リサ。

ユア　　　ウェるカム　　　ヂャ(ー)ン
You're welcome, John.

どういたしまして，ジョン。

サンク　　ユー　　　　　サンクス　　　　　かんたん
メモ Thank you. は Thanks. と簡単に言うこともあります。

別れのあいさつ ～さようなら～

010

グッドバイ　ミスタァスミす
Goodbye, Mr. Smith.

さようなら，スミス先生。

バイ　りーサ
Bye, Lisa.

さようなら，リサ。

スィー　ユー　トゥマ(ー)ロウ
See you tomorrow.
ハヴ　ア　ナイス　デイ
Have a nice day.

またあした。よい一日をね。

会話表現をチェック！

グッドバイ　　　　バイ
Goodbye. や **Bye.** は，別れるときのあいさつです。

メモ　スィー　ユー　トゥマ(ー)ロウ　　　　スィー　ユー　れイタァ
See you tomorrow. は See you later. 「またあとでね」や，
たん　スィー　ユー
単に See you. 「またね」のように使うこともできます。

31

調子をたずねる ～元気？～

ハイ　ハウ　アー　ユー
Hi. How are you, Ken?
やあ。元気，健？

アイム　ふァイン　さンク　ユー
I'm fine, thank you.
アンド　ユー
And you?

元気だよ，ありがとう。
きみはどう？

アイム　ふァイン　トゥー　さンク　ユー
I'm fine, too. Thank you.
ぼくも元気だよ。ありがとう。

会話表現をチェック！
ハウ　アー　ユー
How are you? は相手の気分や
調子をたずねるときに使います。

メモ　ハウ　アー　ユー
How are you? と聞かれたら，自分の調子を答えたあとに，アンド　ユー And you? 「きみ
はどう？」や，ハウ　アー　ユー How are you? 「きみは元気？」のように，相手にも聞き返そう。

ハウ　アー　ユー　エヴリワン
How are you, everyone?

調子はどうですか，みなさん？

ヴェリィ　グッド
Very good.

とても元気です。

ソウ　ソウ
So-so.

まあまあです。

グレイト
Great!

すごくいいです。

ナ(ー)ット　バッド
Not bad.

悪くないです。

ナ(ー)ット　ソウ　グッド
Not so good.

あまりよくないです。

会話表現をチェック！

調子や気分によって，いろいろな答え方があるよ。

33

2 自己紹介

はじめて会う人 ～初対面のあいさつ～

へろウ　マイ　ネイム　イズ　　　　　ナイス　トゥ　ミート　ユー
Hello. My name is Ryoko. Nice to meet you.

こんにちは。わたしの名前は涼子です。はじめまして。

ハイ　アイム　ヂャ(ー)ン
Hi. I'm John.
ナイス　トゥ　ミート　ユー　　トゥー
Nice to meet you, too.

こんにちは。ぼくはジョンです。
こちらこそはじめまして。

会話表現をチェック!

マイ　ネイム　イズ
My name is ～?

「わたしの名前は～です」

アイム
I'm ～.

「わたしは～です」

ナイス　トゥ　ミート　ユー
メモ Nice to meet you. は初対面のあいさつです。
返事をするときは, Nice to meet you, too. と
言います。

34

名前 〜名前をたずねる〜

013

マイ　ネイム　イズ　ヂャ(ー)ン
My name is John.
(フ)ワッツ　ユア　ネイム
What's your name?

ぼくの名前はジョンです。
あなたの名前は何ですか？

アイム
I'm Ken.
プリーズ　コーる　ミー
Please call me Ken.

ぼくは健だよ。
ケンと呼んでね。

会話表現をチェック！

プリーズ　コーる　ミー
Please call me 〜.

「わたしを〜と呼んでください」

メモ　年上の人に名前を聞くときは May I ask your name? 「名前を教えていただけ
ますか？」とていねいに言いましょう。
Who are you?「あなたはだれですか？」という言い方もありますが，これは
少し失礼な言い方なので，気をつけましょう。

35

数（年齢） ～年齢をたずねる～

ふきだしの中の赤い単語を，以下の①～⑫の単語に言いかえてみよう。

ハウ　オウるド　アー　ユー
How old are you?

あなたは何歳？

アイム　テン　イアズ　オウるド
I'm ten years old.

10歳よ。

会話表現をチェック！

アイム　イアズ　オウるド
I'm ～ years old.

「わたしは～歳です」

イアズ　オウるド　しょうりゃく
years old は省略することもできます。

メモ 「1歳」は one year，1歳に満たないとき，「～か月」は ～ month(s) old を使います。

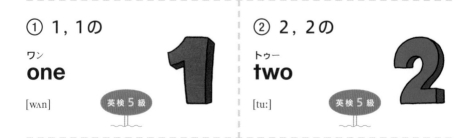

① 1，1の

ワン
one

[wʌn]

英検 5 級

② 2，2の

トゥー
two

[tu:]

英検 5 級

③ 3，3の

すリー
three

[θriː]　英検 5 級

④ 4，4の

ふォー
four

[fɔːr]　英検 5 級

⑤ 5，5の

ふァイヴ
five

[faiv]　英検 5 級

⑥ 6，6の

スィックス
six

[siks]　英検 5 級

⑦ 7，7の

セヴン
seven

[sév(ə)n]　英検 5 級

⑧ 8，8の

エイト
eight

[eit]　英検 5 級

⑨ 9，9の

ナイン
nine

[nain]　英検 5 級

⑩ 10，10 の

テン
ten

[ten]　英検 5 級

⑪ 11，11 の

イれヴン
eleven

[ilév(ə)n]　英検 5 級

⑫ 12，12の

トゥウェるヴ
twelve

[twelv]　英検 5 級

13, 13 の

さ～ティーン
thirteen

[θəːrtíːn] 英検 5 級

14, 14 の

ふォーティーン
fourteen

[fɔ̀ːrtíːn] 英検 5 級

15, 15 の

ふィふティーン
fifteen

[fìftíːn] 英検 5 級

16, 16 の

スィクスティーン
sixteen

[sìkstíːn] 英検 5 級

17, 17 の

セヴンティーン
seventeen

[sèv(ə)ntíːn] 英検 5 級

18, 18 の

エイティーン
eighteen

[èitíːn] 英検 5 級

19, 19 の

ナインティーン
nineteen

[nàintíːn] 英検 5 級

20, 20 の

トゥウェンティ
twenty

[twénti] 英検 5 級

30, 30 の

さ～ティ
thirty

[θə́ːrti] 英検 5 級

40, 40 の

ふォーティ
forty

[fɔ́ːrti] 英検 5 級

50，50 の

ふィふティ
fifty

[fífti] 英検 5 級

60，60 の

スィクスティ
sixty

[síksti] 英検 5 級

70，70 の

セヴンティ
seventy

[sév(ə)nti] 英検 5 級

80，80 の

エイティ
eighty

[éiti] 英検 5 級

90，90 の

ナインティ
ninety

[náinti] 英検 5 級

21，21 の

トゥウェンティ ワン
twenty-one

[twéntiwʌn]

そのほかの数字

21，22，23 …の数字は，10 の位と 1 の位にわけて数えます。

> 10 の位と 1 の位にわける

	トゥ**ウェ**ンティ ワン		トゥ**ウェ**ンティ トゥー		トゥ**ウェ**ンティ すりー
21	twenty-one	**22**	twenty-two	**23**	twenty-three
	20 － 1		20 － 2		20 － 3

	さ～ティ ふォー		セヴンティ ふァイヴ		ナインティ エイト
34	thirty-four	**75**	seventy-five	**98**	ninety-eight
	30 － 4		70 － 5		90 － 8

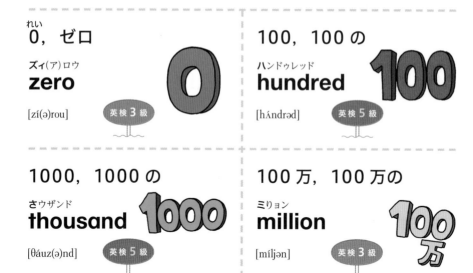

0, ゼロ

ズィ(ア)ロウ
zero

[zí(ə)rou] 英検3級

100, 100 の

ハンドゥレッド
hundred

[hʌ́ndrəd] 英検5級

1000, 1000 の

さウザンド
thousand

[θáuz(ə)nd] 英検5級

100万, 100万の

ミリョン
million

[míljən] 英検3級

大きな数字の読み方

英語の数字は，コンマで区切られた3けたをひとかたまりに読むよ。
コンマのところに単位があるんだ。

ミリョン
million（100万）　さウザンド
thousand（1000）

ハンドゥレッド
hundred（100）

1, 234, 567

ワン　ミリョン
one **million**,

トゥー　ハンドゥレッド　さ〜ティ　ふォー　さウザンド
two **hundred** thirty-four **thousand**

ふァイヴハンドゥレッド　アンド　スィクスティ セヴン
five **hundred** (and) sixty-seven

電話番号の読み方

数字を前から1つずつ読むよ。

01-2345-6789

ズィ(ア)ロウ ワン トゥー すリー ふォー ふァイヴ スィックス セヴン エイト ナイン
0, one, two three four five, six seven eight nine

> 「0」は「ゼロ」か「オウ」と読みます。

年号の読み方

ふつう，2けたずつ区切って読むよ。

1992

ナインティーン ナインティ トゥー
nineteen ninety-two

2000

トゥー さウザンド
two thousand
トゥウェンティ ハンドゥレッド
または twenty hundred

> 2000 は，「2」と「1000」にわけるんだね。

2005

トゥー さウザンド アンド ふァイヴ
two thousand (and) five
トゥウェンティ オゥ ふァイヴ
または twenty o five

時刻の読み方

前から順に数字をそのまま読むよ。

3:00

すリー オクら(ー)ック
three (o'clock)

3:15

すリー ふぃふティーン
three fifteen

> 「3時ちょうど」のときは，o'clock をつけてもいいですよ。

数（学年）〜学年を紹介する〜

ふきだしの中の赤い単語を，以下の①〜⑩の単語に言いかえてみよう。

アイアム　インざ　さ〜ド　イア　オヴ エれメンタリィ　スクーる
I am in the third year of elementary school.

わたしは小学校3年生よ。

アイアム　インざ　　ふォーす　イア
I am in the fourth year.

わたしは4年生よ。

会話表現をチェック！

アイアム　インざ　　　イア
I am in the 〜 year.
「わたしは〜年生です」

メモ　アイアム　インざ　ふォーす　グレイド
I am in the fourth grade. という
言い方もあるよ。

① 第1，第1の，第1に

ふァ〜スト
first

[fəːrst]　英検5級

② 第2，第2の，第2に

セカンド
second

[sék(ə)nd]　英検5級

③ 第3，第3の，第3に

さ~ド
third

[θəːrd]　英検 5 級

④ 第4，第4の，第4に

ふォーす
fourth

[fɔːrθ]　英検 5 級

⑤ 第5，第5の，第5に

ふィふす
fifth

[fifθ]　英検 5 級

⑥ 第6，第6の，第6に

スィックスす
sixth

[siksθ]　英検 5 級

⑦ 第7，第7の，第7に

セヴンす
seventh

[sév(ə)nθ]　英検 5 級

⑧ 第8，第8の，第8に

エイトゥす
eighth

[eitθ] , [eiθ]　英検 5 級

⑨ 第9，第9の，第9に

ナインす
ninth

[nainθ]　英検 5 級

⑩ 第10，第10の，第10に

テンす
tenth

[tenθ]　英検 5 級

アメリカでの 学年の数え方

　日本の学年の数え方とはちがって，アメリカでは，1年生から12年生まで，通して学年を言うことが多いよ。

日本の中学1年生にあたる学年は，seventh grade（7年生），
高校3年生にあたる学年は，twelfth grade（12年生）のようになります。

数（日付）<ruby>日付<rt>ひづけ</rt></ruby> 〜<ruby>誕生日<rt>たんじょうび</rt></ruby>はいつ？〜

ふきだしの中の赤い<ruby>単語<rt>たんご</rt></ruby>を，<ruby>以下<rt>いか</rt></ruby>の①〜⑪の単語に<ruby>言<rt>い</rt></ruby>いかえてみよう。

（フ）ウェン イズ ユア　　　バ〜すデイ
When is your birthday?

あなたの誕生日はいつ？

イッツ　ア(ー)クトウバァ　テンす
It's October tenth.

10月10日よ。

会話表現をチェック！

（フ）ウェン　イズ
When is 〜?

「〜はいつですか？」

---

① <ruby>第<rt>だい</rt></ruby>11，第11の

イれヴンす
eleventh

[ilév(ə)nθ]　英検 5 級

 11th

② 第12，第12の

トゥウェるふす
twelfth

[twelfθ]　英検 5 級

 12th

③ 第13，第13の

さ〜ティーンす
thirteenth

[θəːrtíːnθ]

④ 第14，第14の

ふォーティーンす
fourteenth

[fɔːrtíːnθ]

⑤ 第15，第15の

ふィふティーンす
fifteenth

[fiftíːnθ]

⑥ 第20，第20の

トゥウェンティエす
twentieth

[twéntiəθ]

⑦ 第21，第21の

トゥウェンティ　ふァ〜スト
twenty-first

[twèntifəːrst]

※あとの数字を「第〜の」
　の形にする

⑧ 第22，第22の

トゥウェンティ　セカンド
twenty-second

[twèntisék(ə)nd]

⑨ 第23，第23の

トゥウェンティ　さ〜ド
twenty-third

[twèntiθəːrd]

⑩ 第24，第24の

トゥウェンティ　ふォーす
twenty-fourth

[twèntifɔ́ːrθ]

⑪ 第30，第30の

さ〜ティエす
thirtieth

[θəːrtiəθ]

第40，第40の

ふォーティエす
fortieth

[fɔ́ːrtiəθ]

3 国，都市，言語
とし　　げんご

国 ～出身国を話す～
しゅっしんこく

017

ふきだしの中の赤い単語を，以下の①～㉖の単語に言いかえてみよう。
たんご　　　　　　　　　　　　　　いか

アイアム　ふラム　ヂャパン
I am from Japan.
(ふ)ウェア　アー　ユー　ふラム
Where are you from?

ぼくは日本出身です。
きみの出身はどこ？

アイアム　ふラム　キャナダ
I am from Canada.

わたしはカナダ出身です。

会話表現をチェック！

アイ アム　ふラム
I am from ～.「わたしは～出身です」

メモ

アイ アム　　アイム　　みじか
I am は I'm と短くして言うこともできます。

---

① 日本

ヂャパン
Japan

[dʒəpǽn]

英検 5 級

② カナダ

キャナダ
Canada

[kǽnədə]

英検 5 級

46

③ アメリカ合衆国

America

[əmérikə]

※the U.S. または
　the U.S.A. とも言う

英検 5 級

④ 中国

チャイナ
China

[tʃáinə]

英検 5 級

⑤ （theをつけて）イギリス，英国

ユナイティッド　キングダム
United Kingdom

[junàitid kíŋdəm]

英検 5 級 ※ the U.K.
　　　とも言う

⑥ フランス

ふランス
France

[fræns]

英検 5 級

⑦ オーストラリア

オ(ー)ストゥレイリア
Australia

[ɔ(:)stréiliə]

英検 5 級

⑧ 韓国

サウす　　　　　コリ(ー)ア
South Korea

[sàuθ kərí(:)ə]

※the Republic of
Korea とも言う

英検 5 級

⑨ イタリア

イタリィ
Italy

[ít(ə)li]

英検 5 級

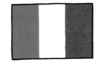

⑩ ドイツ

ヂャ～マニィ
Germany

[dʒə́:rməni]

英検 5 級

⑪ インド

インディア
India

[índiə]

⑫ （theをつけて）オランダ

ネざらんヅ
Netherlands

[néðərləndz]

⑬ エジプト

イーヂプト
Egypt

[í:dʒipt]

⑭ ガーナ

ガ(ー)ナ
Ghana

[gá:nə]

⑮ ギリシャ

グリース
Greece

[gri:s]

⑯ ケニヤ

ケニャ
Kenya

[kénjə]

⑰ サウジアラビア

サウディ　アレイビア
Saudi Arabia

[sàudi əréibiə]

⑱ シンガポール

スィンガポー
Singapore

[síŋɡəpɔːr]

⑲ スペイン

スペイン
Spain

[spein]

⑳ トルコ

タ〜キィ
Turkey

[tə́ːrki]

㉑ ニュージーランド

ヌ（ー）　　　　ズィーらンド
New Zealand

[nu(ː) zíːlənd]

㉒ ブラジル

ブラズィる
Brazil

[brəzíl]

㉓ 南アフリカ

サウす　　　　アふリカ
South Africa

[sàuθ ǽfrikə]

㉔ メキシコ

メクスィコウ
Mexico

[méksikou]

㉕ ロシア

ラシャ
Russia

[rʌ́ʃə]

㉖ タイ

タイらンド
Thailand

[táilænd]

都市，地域 ～出身の都市をたずねる～

018

ふきだしの中の赤い単語を，以下の①〜⑨の単語に言いかえてみよう。

（フ）ウェア　アー　ユー　ふラム　イン　アメリカ
Where are you from in America?

あなたはアメリカのどこの出身？

アイム　ふラム　ヌー　ヨーク
I'm from New York.

ぼくはニューヨーク出身だよ。

会話表現をチェック！

（フ）ウェア　アー　ユー　ふラム　イン
Where are you from in 〜?「出身は〜のどちらですか？」
アイム　ふラム
I'm from 〜.「わたしは〜の出身です」

---

① ニューヨーク

ヌー　ヨーク
New York

[nù: jɔ́:rk]

英検 4 級

② ワシントン

ワ（ー）シングトン　　ディースィー
Washington, D.C.

[wá(:)ʃiŋtən dì:sí:]

50

③ ボストン

ボーストゥン
Boston

[bɔ́ːst(ə)n]

④ シカゴ

シカーゴウ
Chicago

[ʃiká:gou]

⑤ シアトル

スィアトゥる
Seattle

[siǽtl]

⑥ ロサンゼルス

ろース　　アンヂェらス
Los Angeles

[lɔːs ǽndʒ(ə)ləs]

英検 **3** 級

⑦ サンフランシスコ

サン　　ふランスィスコウ
San Francisco

[sæn fr(ə)nsískou]

英検 **3** 級

⑧ カリフォルニア

キャりふォーニャ
California

[kæləfɔ́ːrnjə]

英検 **3** 級

⑨ ハワイ

ハワーイー
Hawaii

[həwáːiː]

英検 **4** 級

オタワ

ア(ー)タワ
Ottawa

[á(ː)təwə]

51

ソウル

ソゥる
Seoul

[soul]

英検3級

北京
ペ キ ン

ベイヂング
Beijing

[bèidʒíŋ]

上海
シャンハイ

シャングハイ
Shanghai

[ʃæŋhái]

香港
ホンコン

ハ(ー)ング　　カ(ー)ング
Hong Kong

[há(:)ŋ kɑ(:)ŋ]

キャンベラ

キャンベラ
Canberra

[kǽnb(ə)rə]

シドニー

スィドニィ
Sydney

[sídni]

英検4級

ケアンズ

ケアンズ
Cairns

[kéərnz]

メルボルン

メるバン
Melbourne

[mélbərn]

ロンドン

らンドン
London

[lʌ́ndən]

英検 5 級

オックスフォード

ア(ー)クスふォド
Oxford

[ɑ́(:)ksfərd]

パリ

パリス
Paris

[pǽris]

英検 3 級

ローマ

ロウム
Rome

[roum]

ベルリン

バ～りン
Berlin

[bəːrlín]

フランクフルト

ふランクふァ～ト
Frankfurt

[frǽŋkfə(:)rt]

ジュネーブ

ヂニーヴァ
Geneva

[dʒəníːvə]

モスクワ

マ(ー)スカウ
Moscow

[mɑ́(:)skau]

世界の言語 〜英語を話しますか？〜

ふきだしの中の赤い単語を，以下の①〜⑩の単語に言いかえてみよう。

Do you speak English?

あなたは英語を話しますか？

Yes. A little.

はい。少し。

No, I don't.

いいえ，話しません。

会話表現をチェック！

Do you speak 〜?
「あなたは〜を話しますか？」

---

① 英語

English

[íŋgliʃ]

英検5級

② 中国語

Chinese

[tʃàiníːz]

英検3級

---

③ 日本語

ヂャパニーズ
Japanese

[dʒǽpəníːz]

英検 5 級

④ 韓国語 <small>かんこく</small>

コリ(ー)アン
Korean

[kərí(ː)ən]

英検 3 級

⑤ フランス語

ふレンチ
French

[frentʃ]

英検 3 級

⑥ イタリア語

イタリャン
Italian

[itǽljən]

英検 3 級

⑦ ドイツ語

ヂャ〜マン
German

[dʒə́ːrmən]

英検 4 級

⑧ スペイン語

スパニッシ
Spanish

[spǽniʃ]

英検 3 級

⑨ オランダ語

ダッチ
Dutch

[dʌtʃ]

⑩ ロシア語

ラシャン
Russian

[rʌ́ʃ(ə)n]

英検 3 級

55

はじまりのあいさつ

020

グッド　モーニング　エヴリワン
Good morning, everyone.

みんな，おはよう。

グッド　モーニング　ミスタァ スミす
Good morning, Mr. Smith.

おはようございます，スミス先生。

ハウ　アー　ユー
How are you?

元気？

アイム　グレイト
I'm great!

元気です。

授業のはじまり①

021

スタンド　アップ
Stand up.

立ちなさい。

バウ
Bow.

おじぎをしなさい。

スィット ダウン
Sit down.

すわりなさい。

メモ　please をつけると，ていねいな言い方になります。

例）Stand up, please.（Please stand up.）「立ってください」

　　Sit down, please.（Please sit down.）「すわってください」

授業のはじまり②

れッツ　スタート　トゥデイズ　クらス
Let's start today's class.

きょうの授業をはじめましょう。

オウプン　ユア　　テクストブック　　トゥ
Open your textbook to
ペイヂ　　トゥウェンティ エイト
page 28.

教科書の 28 ページを開きなさい。

ビー　クワイエット
Be quiet.

静かにしなさい。

会話表現をチェック!

れッツ　スタート
Let's start 〜. は「〜をはじめよう」と言うときに使います。

58

授業の終わり

ざッツ　オーるフォ　トゥデイ
That's all for today.
ドゥ　ユー　ハヴ　エニイ　クウェスチョンズ
Do you have any questions?

きょうはこれで終わりです。
何か質問はありますか？

ノウ
No.

いいえ。

クろウズ　ユア　テクストブック
Close your textbook.

教科書を閉じなさい。

スィー　ユー　イン　ざ　ネクスト　れスン
See you in the next lesson.

次の授業でまた会いましょう。

会話表現をチェック！

ざッツ　オーる
That's all.「終わりです」
ドゥ　ユー　ハヴ
Do you have ～?

「～はありますか？」

59

024

授業中の先生の指示を聞く②

キャン　ユー　スィー　ずィス
Can you see this?

これが見えますか？

A B C D

イェス
Yes.

はい。

キャン　ユー　ヒア　ミー
Can you hear me?

わたしの言うことが聞こえますか？

会話表現を**チェック！**

キャン　ユー
Can you ～?
「～することができますか？」

ノウ　ワンス　アゲン　プリーズ
No. Once again, please.

いいえ。もう一度お願いします。

メモ 先生の声が聞きとれなかったときは，
パードゥン
Pardon? 「もう一度言ってくださいますか？」と言うこともできます。

61

026

Be quiet, please. Look at me.

静かにしてください。わたしを見て。

Yes.

はい。

Listen to me.

わたしの言うことを聞きなさい。

Yes. All right.

はい。わかりました。

メモ Listen to the song. 「歌を聞きなさい」
Listen to the CD. 「CD を聞きなさい」 のように使うこともできます。

62

授業中の先生の指示を聞く④

レイズ　ユア　ハンズ
Raise your hands.

手を上げなさい。

プット　ユア　ハンズ　ダウン
Put your hands down.

手をおろしなさい。

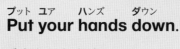

クらップ　ユア　ハンズ
Clap your hands.

手をたたきなさい。

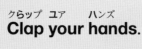

りスン　ケアふりィ
Listen carefully.

注意して聞きなさい。

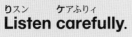

終わりの会①

（フ）ワッツ　ざ　ホウムワ〜ク
What's the homework?
しゅくだい
宿題は何ですか？

トゥ　リード　チャプタァ　すリー
To read Chapter 3.
しょう
3章を読むことです。

オ〜る　ライト
All right.
わかりました。

ドゥント　ふォゲット
Don't forget.
わす
忘れないでね。

会話表現をチェック！

（フ）ワッツ
What's 〜?「〜は何ですか？」
ドゥント　ふォゲット
Don't forget.「忘れないでね」

終わりの会②

Goodbye, everyone.
グッドバイ　エヴリワン

さようなら，みなさん。

Goodbye, Ms. Davis.
グッドバイ　ミズ　デイヴィス

さようなら，デイビス先生。

See you tomorrow.
スィー　ユー　トゥマ(ー)ロウ

またあしたね。

See you.
スィー　ユー

またね。

メモ 　**See you tomorrow.** の tomorrow は，**next week**「来週」，
スィー　ユー　トゥマ(ー)ロウ　　　　　　トゥマ(ー)ロウ　　　　　　ネクスト　ウィーク
next Monday「今度の月曜日」などに言いかえて使うこともできます。
ネクスト　マンデイ　　　こんど

65

5 学校

学校の種類 〜あなたは学校が好き？〜

030

ふきだしの中の赤い単語を，以下の①〜⑦の単語に言いかえてみよう。

アイ ゴウ トゥ エれメンタリィ　　　スクーる
I go to elementary school.

ぼくは小学校に行っているよ。

ドゥ　ユー　　らイク　ユア
Do you like your school?

あなたは自分の学校が好き？

イェス　アイらイク イットヴェリィ マッチ
Yes. I like it very much.

うん。大好きだよ。

会話表現をチェック！

ドゥ　ユー　　　らイク
Do you like 〜 ?
「あなたは〜が好きですか？」
アイらイク
I like 〜 .「わたしは〜が好きです」

---

① 保育園

ナ〜サリィ　　　　スクーる
nursery school

[nə́:rs(ə)ri sku:l]

英検 3 級

② 幼稚園

キンダガートゥン
kindergarten

[kíndərgà:rt(ə)n]

英検 3 級

③ 小学校

エれ**メ**ンタリィ
elementary
スクーる
school

[elimént(ə)ri sku:l]

英検 4 級

④ 中学校

デューニャ　　　ハイ
junior high
スクーる
school

[dʒù:njər hái skù:l]

英検 3 級

⑤ 高等学校

ハイ　　　　スクーる
high school

[hái sku:l]

英検 5 級

⑥ 大学

ユーニ**ヴァ**～スィティ
university

[jù:nivə́:rsəti]

英検 4 級

※単科大学
カ(一)れッヂ
はcollege

⑦ 専門学校

プロ**ふェ**ショヌる　　　トゥ**レ**イニング　　スクーる
professional training school

[prəféʃ(ə)n(ə)l tréiniŋ sku:l]

アメリカの授業スタイル

日本の学校は，先生が教室に来て授業が始まるけれど，
アメリカでは，生徒が先生の教室に行って授業を受けるんだよ。

日本とアメリカではちがうんだね。

そうだね。

校内の施設 ～これは図書室です～

031

ふきだしの中の赤い単語を，以下の①〜⑩の単語に言いかえてみよう。

ずイス　イズ　ア　らイブレリィ
This is a library.

これは図書室よ。

ざッツ　　ア　スウィミング　　プーる
That's a swimming pool.

あれはプールよ。

会話表現をチェック！

ずイス　イズ
This is 〜. 「これは〜です」は，近くにあるものを言うときに使います。

ざッツ
That's 〜. 「あれは〜です」は，はなれたところのものを言うときに使います。

a は「1つの」という意味で，ものの名前の前につけます。ふつう，日本語には訳しません。

　ざッツ　　　ざット　イズ
メモ　**That's** は **That is** と言うこともできます。

---

① 図書室，図書館

らイブレリィ
library

[láibreri]

英検 5 級

② プール

スウィミング
swimming
プーる
pool

[swímiŋ puːl]

③ 職員室
しょくいんしつ

ティーチャズ
teacher's
ルーム
room

[tíːtʃərz ruːm]

④ 教室

クらスルーム
classroom

[klǽsruːm]

⑤ 門

ゲイト
gate

[geit]

英検 3 級

⑥ 音楽室

ミューズィック
music
ルーム
room

[mjúːzik ruːm]

⑦ 校庭
こうてい

スクーるヤード
schoolyard

[skúːljàːrd]

英検 4 級

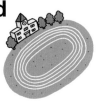

⑧ 入り口，玄関
げんかん

エントゥランス
entrance

[éntr(ə)ns]

英検 4 級

⑨ 体育館
たいいくかん

ヂム
gym

[dʒim]

英検 5 級

⑩ トイレ

レストルーム
restroom

[réstruːm]

教室

032

教室にあるものをそれぞれ英語で何と言うか確認しよう。

---

① 黒板（こくばん）

ブラックボード

blackboard

[blǽkbɔːrd]

英検 4 級

② 本

ブック

book

[buk]

英検 5 級

70

③ いす

チェア
chair

[tʃeər]

④ 机 (つくえ)

デスク
desk

[desk]

⑤ チョーク

チョーク
chalk

[tʃɔːk]

⑥ 辞書，辞典 (じしょ，じてん)

ディクショネリィ
dictionary

[díkʃəneri]

⑦ 地球儀 (ち きゅう ぎ)

グ**ろ**ウブ
globe

[gloub]

⑧ 絵

ピクチャ
picture

[píktʃər]

⑨ 地図

マップ
map

[mæp]

⑩ 予定(表)，時間割 (よ てい ひょう，じ かんわり)

スケヂューる
schedule

[skédʒuːl]

71

教科 ～何の教科が好き？～

033

ふきだしの中の赤い単語を，以下の①～⑩の単語に言いかえてみよう。

(フ)ワット イズ ユア　ふェイヴ(ァ)リット　サブヂェクト
What is your favorite subject?

きみの大好きな教科は何？

イングリッシ
English!

英語！

アイ らイク　マす
I like math.

ぼくは算数が好き。

メモ　(フ)ワット イズ ユア　ふェイヴ(ァ)リット
What is your favorite ～? は「あなたの大好きな～は何？」という意味です。

例）(フ)ワット イズ ユア　ふェイヴ(ァ)リット アニマる
What is your favorite animal?「あなたの大好きな動物は何？」

(フ)ワット イズ ユア　ふェイヴ(ァ)リット スポーツ
What is your favorite sport?「あなたの大好きなスポーツは何？」

---

① 英語

イングリッシ
English

[íŋgliʃ]

英検 5 級

② 算数，数学

マす
math [mæθ]

マせマティックス
※ mathematics
とも言う

英検 5 級

72

③ 国語

ヂャパニーズ
Japanese

[dʒǽpəníːz]

英検 **5** 級

④ 理科，科学

サイエンス
science

[sáiəns]

英検 **5** 級

⑤ 社会

ソウシャる　　スタディズ
social studies

[sóuʃ(ə)l stʌ̀diz]

⑥ 体育

ピーイー
P.E.

[pìːíː]

英検 **3** 級

⑦ 音楽

ミューズィック
music

[mjúːzik]

英検 **5** 級

⑧ 家庭科

ホウム　　　エコナ(ー)ミックス
home economics

[houm èkəná(ː)miks]

⑨ 図画工作

アーツ　　アンド
arts and
クラふツ
crafts

[ɑːrts ənd krǽfts]

⑩ 習字，書写

カりグラふィ
calligraphy

[kəlígrəfi]

英検 **3** 級

算数

034

算数で使う用語をそれぞれ英語で何と言うか確認しよう。
（※算数の表現については，424 ページを見よう。）

① ～を加えて，たすと

プらス
plus

[plʌs]

※ add も同じ意味

② ～をひいた

マイナス
minus

[máinəs]

英検 3 級

③ ～にかける，かけ算をする

マるティプらイ
multiply

[mʌ́ltiplai]

④ ～をわる，わり算をする

ディ**ヴァ**イド
divide [diváid]

ディ**ヴァ**イディッド **バ**イ
※ divided by ～
　のように使う

英検 3 級

⑤ 等（ひと）しい

イークウォる
equal

[íːkwəl]

重（おも）さ

ウェイト
weight

[weit]

英検 3 級

長さ

れンクす
length

[leŋkθ]

30cm

速度（そくど）

スピード
speed

[spiːd]

英検 3 級

面積（めんせき）

エ(ア)リア
area

[é(ə)riə]

英検 3 級

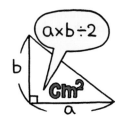

a×b÷2

Cm²

体積（たいせき）

ヴァ(ー)りュム
volume

[vá(ː)ljum]

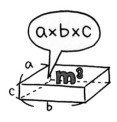

a×b×c

m³

理科

035

理科室にある道具をそれぞれ英語で何と言うのか確認しよう。

① ビーカー

ビーカァ
beaker

[bí:kər]

② 試験管

テスト　　トゥーブ
test tube

[tést tu:b]

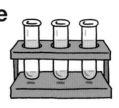

③ 温度計
おんどけい

さマ(ー)ミタァ
thermometer

[θərmá(:)mətər]

④ ルーペ

るープ
loupe

[lu:p]

⑤ アルコールランプ

スピリット　らンプ
spirit lamp

[spírət læmp]

⑥ メスシリンダー

メジャリング
measuring
スィリンダァ
cylinder

[méʒəriŋ sìlindər]

⑦ 顕微鏡
けんびきょう

マイクロスコウプ
microscope

[máikrəskoup]

⑧ 棒磁石
ぼうじしゃく

マグネット
magnet

[mǽgnit]

⑨ 方位磁針
ほういじしん

カンパス
compass

[kʌ́mpəs]

⑩ 豆電球
まめでんきゅう

ミニアチァァ　　　バるブ
miniature bulb

[mìniətʃər bʌ́lb]

図画工作

図画工作で使う道具や，図画工作ですることを，それぞれ英語で何と言うのか確認しよう。

---

①（絵・図）をかく

ドゥロー
draw

[drɔː]

英検4級

②（絵の具を使って）〜をかく

ペイント
paint

[peint]　英検4級

78

③ スケッチブック

スケッチブック
sketchbook

[skétʃbuk]

④ 画用紙

ドゥローイング　ペイパァ
drawing paper

[drɔ́:iŋ pèipər]

⑤ 絵の具，ペンキ

ペインツ
paints

[peints]

英検 4 級

※ふつう
ペインツ
paint<u>s</u> と s
をつける

⑥ クレヨン

クレイア(ー)ン
crayon

[kréia(:)n]

⑦ カッター

バ(ー)ックス カタァ
box cutter

[bá(:)ks kʌ̀tər]

⑧ 絵筆，毛筆

ブラッシ
brush

[brʌʃ]

英検 4 級

「絵をかく」にはいくつか言い方がある！

ドゥロー
draw　えんぴつやペンを使って
　　　　線で絵をかく

ペイント
paint　絵の具をぬって絵をかく

日本語だと同じ
「かく」なのにね。

音楽

037

音楽室にある楽器をそれぞれ英語で何と言うか確認しよう。

① ピアノ

ピアノウ
piano

[piǽnou]

英検 5 級

② トランペット

トゥランペット
trumpet

[trʌ́mpət]

英検 5 級

80

③ ハーモニカ

ハーマ(ー)ニカ
harmonica

[hɑːrmá(ː)nikə]

④ リコーダー

リコーダァ
recorder

[rikɔ́ːrdər]

⑤ カスタネット

キャスタネッツ
castanets

[kæstənéts]

※ふつう castanet<u>s</u> と
キャスタネッツ
表す
あらわ

⑥ オルガン

オーガン
organ

[ɔ́ːrg(ə)n]

⑦ シンバル

スィンバるズ
cymbals

[símb(ə)lz]

⑧ たいこ，ドラム

ドゥラム
drum

[drʌm]

英検 4 級

⑨ フルート

ふるート
flute

[fluːt]

英検 4 級

⑩ ギター

ギター
guitar

[gitáːr]

英検 5 級

文房具① 〜これは定規ですか？〜

038

ふきだしの中の赤い単語を，以下の①〜⑩の単語に言いかえてみよう。

※③は a が an になります。

イズ ずイス ア ルーらァ
Is this a ruler?
これは定規ですか？

イェス イットイズ
Yes, it is.
ええ，そうよ。

イズ ザット ア グるー
Is that a glue?
あれはのりですか？

ノウ イットイズント イッツ アン イレイサァ
No, it isn't. It's an eraser.
ちがうよ。それは消しゴムだよ。

会話表現をチェック！

イズ ずイス
Is this 〜?「これは〜ですか？」
イズ ザット
Is that 〜?「あれは〜ですか？」

> メモ　a, an は「１つの」という意味です。
> 「ア，イ，ウ，エ，オ」ではじまる
> 単語の前には an がつきます。

---

① 定規

ルーらァ
ruler

[rúːlər]

英検3級

② のり

グるー
glue

[gluː]

③ 消しゴム

イレイサァ
eraser

[iréisər]

英検 4 級

④ えんぴつ

ペンスる
pencil

[péns(ə)l]

英検 5 級

⑤ 色えんぴつ

カらド　　　ペンスる
colored pencil

[kʌ́lərd pèns(ə)l]

⑥ ペン

ペン
pen

[pen]

英検 5 級

⑦ 筆箱
ふでばこ

ペンスる　　ケイス
pencil case

[péns(ə)l keis]

⑧ ホッチキス

ステイプらァ
stapler

[stéiplər]

※「ホッチキス」は
　考えた人の名前か
　らきている

⑨ テープ

テイプ
tape

[teip]

英検 5 級

⑩ ノート

ノウトブック
notebook

[nóutbuk]

英検 5 級

ふきだしの中の赤い単語を，以下の①～⑩の単語に言いかえてみよう。

キャン アイボーロウ ユア スィザズ
Can I borrow your scissors?

きみのはさみを借りてもいい？

シュア ヒア ユー アー
Sure. Here you are.

もちろん。はい，どうぞ。

会話表現をチェック！

・**Can I ～?** は「～をしてもいい？」という意味です。
・**Here you are.** は「はい，どうぞ」と，何かを手渡すときに使います。

---

① はさみ

スィザズ
scissors

[sízərz]

英検 **3** 級

② えんぴつけずり

ペンスる シャープナァ
pencil sharpener

[péns(ə)l ʃà:rp(ə)nər]

③ カッター

バ(ー)ックス カタァ
box cutter

[bá(:)ks kʌ̀tər]

④ 画びょう

さムタック
thumbtack

[θʌ́mtæk]

⑤ クリップ

ペイパァ　　クりップ
paper clip

[péipər klip]

⑥ コンパス

カンパスィズ
compasses

[kʌ́mpəsiz]

⑦ シール

スティッカァ
sticker

[stíkər]

⑧ シャープペンシル

メキャニカる
mechanical
ペンスる
pencil

[mikǽnik(ə)l péns(ə)l]

⑨ 三角定規

トゥライアングる　　ルーらァ
triangle ruler

[tráiæŋgl rùːlər]

トゥライアングる
※ triangle とも言う

⑩ 下じき

ペンスる　　　ボード
pencil board

[péns(ə)l bɔːrd]

85

スポーツクラブ

〜テニスクラブに入っています〜

040

ふきだしの中の赤い単語(たんご)を，以下(いか)の①〜⑩の単語に言いかえてみよう。

アイム インざ テニス くらぶ
I'm in the tennis club.

わたしはテニスクラブに入っているの。

アイム イン ざ サ(ー)カァ くらぶ
I'm in the soccer club.

ぼくはサッカークラブだよ。

会話表現をチェック！

アイム イン ざ くらぶ
I'm in the 〜 club. 「わたしは〜クラブに入っています」

---

① テニスクラブ

テニス
tennis
くらぶ
club

[ténis klʌb]

② サッカークラブ

サ(ー)カァ
soccer
くらぶ
club

[sá(ː)kər klʌb]

③ 野球クラブ

ベイスボーる
baseball
クらブ
club

[béisbɔ:l klʌb]

④ バスケットボールクラブ

バスケットボーる
basketball
クらブ
club

[bǽskətbɔ:l klʌb]

⑤ バレーボールクラブ

ヴァ(一)りボーる
volleyball
クらブ
club

[vá(:)libɔ:l klʌb]

⑥ ソフトボールクラブ

ソ(一)ふトボーる
softball
クらブ
club

[sɔ́(:)ftbɔ:l klʌb]

⑦ 卓球クラブ

テイブる　テニス
table tennis
クらブ
club

[téibl tènis klʌb]

⑧ 水泳クラブ

スウィミング
swimming
クらブ
club

[swímiŋ klʌb]

⑨ 陸上クラブ

トゥラック　アン
track and
ふィーるド　クらブ
field club

[trǽk ən fí:ld klʌb]

⑩ バドミントンクラブ

バドミントゥン
badminton
クらブ
club

[bǽdmint(ə)n klʌb]

文化クラブ
ぶん か

〜美術クラブのメンバーなの？〜
び じゅつ

041

ふきだしの中の赤い単語を，以下の①〜⑩の単語に言いかえてみよう。
たん ご　　　　　　　い か

アー　ユー　ア　メンバァ　　　オヴ**ずィー** アートクらブ
Are you a member of the art club?

あなたは美術クラブのメンバーなの？

ノウ　アイアム　ア　メンバァ　　　　オヴ
No. I am a member of
ザ　　　ブらス　　　バンド
the brass band.

ちがうよ。吹奏楽部だよ。
すいそうがく ぶ

会話表現をチェック！

アー　ユー
Are you 〜?「あなたは〜ですか？」
ア メンバァ　　　オヴ
a member of 〜「〜のメンバー」

---

① 美術クラブ，図工クラブ

アート　くらブ
art club

[á:rt klʌb]

② 吹奏楽部

ブらス
brass
バンド
band

[bræs bǽnd]

③ 演劇<ruby>演劇<rt>えんげき</rt></ruby>クラブ

ドゥラーマ
drama
クらブ
club

[drá:mə klʌb]

④ <ruby>合唱<rt>がっしょう</rt></ruby>部

コーラス
chorus

[kɔ́:rəs]

⑤ 科学クラブ

サイエンス
science
クらブ
club

[sáiəns klʌb]

⑥ コンピュータークラブ

コンピューァァ
computer
クらブ
club

[kəmpjú:tər klʌb]

⑦ <ruby>放送<rt>ほうそう</rt></ruby>クラブ

ブロードキャスティング
broadcasting
クらブ
club

[brɔ́:dkæstiŋ klʌb]

⑧ <ruby>料理<rt>りょうり</rt></ruby>クラブ

ク**ッ**キング
cooking
クらブ
club

[kúkiŋ klʌb]

⑨ 新聞クラブ

ヌーズペイパァ
newspaper
クらブ
club

[nú:zpèipər klʌb]

⑩ 書道クラブ

カ**り**グラふぃ
calligraphy
クらブ
club

[kəlígrəfi klʌb]

家の中・家のまわりのもの①

042

〜そうじをしなさい〜

ふきだしの中の赤い単語を，以下の①〜⑩の単語に言いかえてみよう。

クリーン ざ ルーム
Clean the room.

部屋をそうじしなさい。

オウケイ マ(ー)ム アイウィる クリーン
OK, Mom. I will clean
ざ ふろー ふァ〜スト
the floor first.

わかったよ，お母さん。
まず，床をそうじするよ。

会話表現をチェック！

アイウィる
I will 〜.「わたしは〜するつもりです」

---

① 部屋

ルーム
room

[ruːm]

英検5級

② 床

ふろー
floor

[flɔːr]

英検5級

③ ドア

ドー
door

[dɔ:r]

英検 5 級

④ 庭（草花などのスペース）

ガードゥン
garden

[gá:rd(ə)n]

英検 5 級

⑤ 庭（建物についている空き地）

ヤード
yard

[jɑ:rd]

英検 4 級

⑥ 壁

ウォーる
wall

[wɔ:l]

英検 5 級

⑦ 窓

ウィンドウ
window

[wíndou]

英検 5 級

⑧ 車庫

ガラーヂ
garage

[gərá:(d)ʒ]

英検 3 級

⑨ バルコニー，ベランダ

バるコニィ
balcony

[bǽlk(ə)ni]

⑩ 屋根

るーふ
roof

[ru:f]

英検 3 級

家の中・家のまわりのもの②

043

～寝室はどこ？～

ふきだしの中の赤い単語を，以下の①～⑩の単語に言いかえてみよう。

(フ)ウェア イズ ざ ベッドルーム
Where is the bedroom?

寝室はどこ？

イッツ ネクスト トゥ ざ ドー
It's next to the door.

そのドアのとなりだよ。

会話表現をチェック！

(フ)ウェア イズ
Where is ～? 「～はどこですか？」

ネクスト トゥ
next to ～ は「～のとなりに」という意味です。

ほかにも，**ニア**
near ～「～の近くに」，**バイ**
by ～「～のそばに」などの表現もあります。

---

① 寝室

ベッドルーム
bedroom

[bédru:m]

英検 4 級

② 浴室

バすルーム
bathroom

[bǽθru:m]

英検 4 級

92

③ 台 所
だいどころ

キチン
kitchen

[kítʃ(ə)n]

英検 5 級

④ 居 間
い ま

リヴィング　　ルーム
living room

[líviŋ ru:m]

英検 5 級

⑤ 食 堂
しょくどう

ダイニング　　ルーム
dining room

[dáiniŋ ru:m]

英検 4 級

⑥ 玄 関
げんかん

エントゥランス
entrance

[éntr(ə)ns]

英検 4 級

⑦ クローゼット

クラ(ー)ゼット
closet

[klá(:)zət]

英検 3 級

⑧ お手洗い
て あら

トイれット
toilet

[tɔ́ilət]

⑨ 階 段
かいだん

ステアズ
stairs

[steərz]

英検 3 級

※ふつう
ステアズ
stairs と
表す
あらわ

⑩ 玄関の広間, 廊下
げんかん　ひろ ま　　ろう か

ホーるウェイ
hallway

[hɔ́:lwei]

英検 3 級

93

044

〜枕を持ってきてくれる？〜

ふきだしの中の赤い単語を，以下の①〜⑩の単語に言いかえてみよう。

クッド　ユー　ブリング　マイ　ピろウ
Could you bring my pillow?

枕を持ってきてくれる？

オウケイ
OK.

いいよ。

会話表現をチェック！

「〜してくれますか？」とお願いするときは，**Could you 〜? / Can you 〜?**

---

① 枕

ピろウ
pillow

[pílou]

英検3級

② 毛布

もうふ
blanket

[blǽŋkət]

③ ラジオ

レイディオウ
radio

[réidiou]

英検 **5** 級

④ カレンダー

キャれンダァ
calendar

[kǽləndər]

英検 **5** 級

⑤ マンガ本

カ(ー)ミック　**ブック**
comic book

[káː(:)mik buk]

英検 **5** 級

⑥ 雑誌

マガズィーン
magazine

[mǽgəziːn]

英検 **5** 級

⑦ 箱

バ(ー)ックス
box

[bɑ(:)ks]

英検 **5** 級

⑧ 鳥かご，おり

ケイヂ
cage

[keidʒ]

英検 **3** 級

⑨ かばん

バッグ
bag

[bæg]

英検 **5** 級

⑩ 人形

ダ(ー)る
doll

[dɑ(:)l]

英検 **5** 級

家の中・家のまわりのもの④

～だれのもの？～

ふきだしの中の赤い単語を，以下の①～⑩の単語に言いかえてみよう。

フーズ キャメラ イズ ずィス
Whose camera is this?

これはだれのカメラなの？

イッツ マイン
It's mine.

ぼくのです。

会話表現をチェック！

持ち主を聞くときは **Whose ～?**「だれの～？」

---

① カメラ

キャメラ
camera

[kǽm(ə)rə]

英検 5 級

② ボール

ボーる
ball

[bɔ:l]

英検 5 級

③ ラケット

ラケット
racket

[rǽkət]

英検 5 級

④ ベッド

ベッド
bed

[bed]

英検 5 級

⑤ 時計

くら(ー)ック
clock

[klɑ(:)k]

英検 5 級

⑥ たんす

チェスト
chest

[tʃest]

⑦ テーブル

テイブる
table

[téibl]

英検 5 級

⑧ グローブ (野球用)

グらヴ
glove

[glʌv]

英検 3 級

⑨ バット (野球用)

バット
bat

[bæt]

⑩ コンピューター

コンピュータァ
computer

[kəmpjúːtər]

英検 5 級

046

電気製品 ～使ってもいい？～

ふきだしの中の赤い単語を，以下の①～⑩の単語に言いかえてみよう。

キャン アイ ユーズ ずィ アイアン マ(ー)ム
Can I use the iron, Mom?

お母さん，アイロンを使ってもいい？

シュア
Sure.

いいわよ。

会話表現をチェック！

Can I ～? は「～してもいいですか？」と相手にたずねる表現です。
いいときは **Sure.** 「いいですよ」など，
だめなときは **I'm sorry, you can't.**「悪いけど（今は）できない」と言います。

---

① アイロン

アイアン
iron

[áiərn]

英検**3**級

② スマートフォン

スマートフォウン
smartphone

[smáːrtfoun]

③ 冷蔵庫
れいぞうこ

リふ**リ**ヂェレイタァ
refrigerator

[rifrídʒəreitər]

 英検 3 級

※ **fridge** と
ふリッヂ
も言う

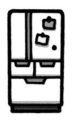

④ 洗濯機
せんたくき

ワ(ー)シング
washing

マシーン
machine

[wá(:)ʃiŋ məʃì:n]

⑤ 電子レンジ

マイクロウェイヴ
microwave

アヴン
oven

[màikrəweiv ʌ́v(ə)n]

⑥ ミシン

ソウイング
sewing

マシーン
machine

[sóuiŋ məʃì:n]

⑦ 掃除機
そうじき

ヴァキュアム
vacuum

クリーナァ
cleaner

[vǽkjuəm klì:nər]

⑧ CDプレーヤー

スィー**ディー**プれイア
CD player

[sì:dí: plèiər]

 英検 5 級

⑨ 電話，電話機

テれふォウン
telephone

[téləfoun]

 英検 5 級

⑩ 扇風機
せんぷうき

ふァン
fan

[fæn]

電話① 〜もしもし，リサです〜

047

Hello. This is Lisa.
May I speak to Ken?

もしもし，こちらはリサです。
健をお願いします。

Speaking. What's up?

ぼくだよ。どうしたの？

会話表現をチェック！

英語で，「もしもし」は，**Hello.**
自分の名前を言うときは，**This is 〜.**
話したい相手を呼び出すときは，**May I speak to 〜?**
自分が電話に出ていることを言うときは，**Speaking.**

電話② 〜ちょっと待ってね〜

048

へろウ　　ずィス　　イズ ヂャ(ー)ン
Hello. This is John.
キャン アイ スピーク　　　トゥ
Can I speak to Ryoko?

もしもし。ジョンです。
涼子をお願いします。

ハイ　ヂャ(ー)ン ホウるド　ア(ー)ン ぷりーズ
Hi, John. Hold on, please.

こんにちは, ジョン。
ちょっと待ってね。

会話表現をチェック！

電話の相手を待たせるときは,
ホウるド　ア(ー)ン ぷりーズ　　　　　　　　　　　チャスト ア ミニット　　ぷりーズ
Hold on, please. または **Just a minute, please.**

メモ　電話の相手をたずねるときは,
フーズ　　　コーりング　　ぷりーズ
Who's calling, please?「どちらさまですか？」と言います。

049

ずィス イズ りーサ アれン
This is Lisa Allen.
メイ アイスピーク トゥ ミスタァ
May I speak to Mr. Tanaka?

こちらはリサ・アレンといいます。
田中先生はいらっしゃいますか？

アイム サ(ー)リィ ヒー イズ アウト ナウ
I'm sorry. He is out now.
がいしゅつちゅう
ごめんなさい。外出中なのよ。

キャン アイテイク ア メセッヂ
Can I take a message?
でんごん う
伝言をお受けしましょうか？

ノウ さンク ユー
No, thank you.
アイる コーる アゲン
I'll call again.

だいじょう ぶ
いいえ，大丈夫です。
またかけます。

会話表現をチェック！

あい て　　　　　　　　　　　イズ アウト ナウ
・電話の相手がいないときは，〜 is out now.
　　　　　　　　　　　　キャン アイテイク ア メセッヂ
　伝言を聞くときは，Can I take a message?
アイる コーる アゲン　　　　　　　　　　　　　　　い み
・I'll call again. で「また電話をかけます」の意味です。

102

電話④ ～電話番号を教えて～

050

(フ)ワッツ ユア ふォウン ナンバァ
What's your phone number?

きみの電話番号は何？

イッツ ワン トゥー すリー ふォー ふァイヴ スィックスセヴン エイト
It's one-two-three-four, five-six-seven-eight.

1234-5678 よ。

さンク ユー
Thank you.

ありがとう。

ユア ウェるカム
You're welcome.

どういたしまして。

会話表現を チェック！

電話番号を相手にたずねるときは，**(フ)ワッツ ユア ふォウン ナンバァ**
What's your phone number?
電話番号を答えるときは，数字を１つずつ順番に言います。

野菜

051

いろいろな野菜をそれぞれ英語で何と言うか確認しよう。

もやし

野菜

ヴェヂタブる
vegetable

[védʒtəbl]

英検4級

---

① トマト

トメイトゥ
tomato

[təméitou]

英検5級

---

② キュウリ

キューカンバァ
cucumber

[kjú:kʌmbər]

③ キャベツ

キャベヂ
cabbage

[kǽbidʒ]

④ アスパラガス

アスパラガス
asparagus

[əspǽrəgəs]

⑤ カリフラワー

カーりふらウア
cauliflower

[ká:liflàuər]

⑥ セロリ

セらりィ
celery

[sél(ə)ri]

⑦ レタス

れタス
lettuce

[létəs]

⑧ ブロッコリー

ブラ(ー)カリィ
broccoli

[brá(:)k(ə)li]

⑨ パセリ

パースりィ
parsley

[pá:rsli]

⑩ ニンジン

キャロット
carrot

[kǽrət]

英検 5 級

⑪ ジャガイモ

ポテイトゥ
potato

[pətéitou]

英検 5 級

⑫ タマネギ

アニョン
onion

[ʌ́njən]

英検 4 級

⑬ サツマイモ

スウィート　　　　ポテイトゥ
sweet potato

[swíːt pətèitou]

⑭ カボチャ

パン(プ)キン
pumpkin

[pʌ́m(p)kin]

英検 5 級

⑮ さやえんどう

ピー
pea

[piː]

⑯ カブ

ターニップ
turnip

[táːrnəp]

⑰ 大根

ヂャパニーズ
Japanese
ラディッシ
radish

[dʒǽpənìːz rǽdiʃ]

106

⑱ ナス

エッグプらント
eggplant

[égplænt]

⑲ ニラ

チャイニーズ　チャイヴ
Chinese chive

[tʃainìːz tʃáiv]

⑳ ホウレンソウ

スピネッチ
spinach

[spínitʃ]

㉑ ピーマン

グリーン
green
ペパァ
pepper

[gríːn pèpər]

㉒ もやし

ビーン　スプラウツ
bean sprouts

[bíːn sprauts]

㉓ キノコ，マッシュルーム

マッシル(ー)ム
mushroom

[mʌ́ʃru(ː)m]

㉔ ショウガ

ヂンヂャ
ginger

[dʒíndʒər]

㉕ ニンニク

ガーリック
garlic

[gáːrlik]

107

くだもの

052

いろいろなくだものをそれぞれ英語で何と言うか確認しよう。

くだもの

ふルート
fruit

[fru:t]

英検 5 級

① オレンジ

オ(ー)レンヂ
orange

[ɔ́(:)rindʒ]

英検 5 級

② リンゴ

アプる
apple

[ǽpl]

英検 5 級

③ バナナ

バナナ
banana

[bənǽnə]

英検 5 級

④ メロン

メろン
melon

[mélən]

英検 5 級

⑤ イチゴ

ストゥローベリィ
strawberry

[strɔ́:bèri]

英検 5 級

⑥ スイカ

ウォータメろン
watermelon

[wɔ́:tərmèlən]

⑦ ブドウ

グレイプ
grape

[greip] ※ふつう grapes
グレイプス
と表す
あらわ

英検 5 級

⑧ モモ

ピーチ
peach

[pi:tʃ]

⑨ パイナップル

パイナプる
pineapple

[páinæpl]

英検 5 級

⑩ グレープフルーツ

グレイプふルート
grapefruit

[gréipfru:t]

⑪ マンゴー

マンゴウ
mango

[mǽŋgou]

⑫ サクランボ

チェリィ
cherry

[tʃéri]

⑬ キウイフルーツ

キーウィー　ふルート
kiwi fruit

[kíːwiː fruːt]

⑭ カキ

パスィモン
persimmon

[pərsímən]

⑮ 西洋ナシ
せいよう

ペア
pear

[peər]

⑯ 梅
うめ

ヂャパニーズ
Japanese
エイプリカ(ー)ット
apricot

[dʒæpənìːz éiprikɑ(:)t]

⑰ レモン

れモン
lemon

[lémən]

⑱ ブルーベリー

ブるーベリィ
blueberry

[blú:bèri]

⑲ 西洋すもも

プらム
plum

[plʌm]

⑳ イチジク

ふィッグ
fig

[fig]

㉑ アンズ

エイプリカ(ー)ット
apricot

[éiprikɑ(:)t]

㉒ ライチ

りーチー
litchi

[lí:tʃi:]

㉓ アボカド

アヴォカードウ
avocado

[ǽvəkɑ́:dou]

㉔ クリ

チェスナット
chestnut

[tʃésnʌt]

㉕ アセロラ

アセロうら
acerola

[ǽsəróulə]

デザート，おやつ，飲み物

053

〜おやつは何がいい？〜

ふきだしの中の赤い単語を，以下の①〜㉖の単語に言いかえてみよう。

(フ)ワット ドゥ ユー ワ(ー)ント ふォーディザ〜ト
What do you want for dessert?

おやつは何がいい？

アイス クリーム ぷりーズ
Ice cream, please.

アイスクリームをお願い。

アイ ワ(ー)ント アプる パイ
I want apple pie.

ぼくはアップルパイがほしい。

会話表現をチェック！

ほしいものを聞かれたら，〜, **please**. や **I want** 〜. と答えます。

---

① アイスクリーム

アイス クリーム
ice cream

[áis kri:m]

英検 5 級

② アップルパイ

アプる パイ
apple pie

[æpl pái]

英検 4 級

③ チョコレート

チョークれット
chocolate

[tʃɔ́:klət]

英検 5 級

④ ケーキ

ケイク
cake

[keik]

英検 5 級

⑤ クッキー

クッキィ
cookie

[kúki]

英検 5 級

⑥ シュークリーム

クリーム **パふ**
cream puff

[kri:m pʌ́f]

⑦ ゼリー

ヂェりィ
jelly

[dʒéli]

⑧ クレープ

クレイプ
crepe

[kreip]

⑨ カップケーキ

カップケイク
cupcake

[kʌ́pkeik]

⑩ ガム

ガム
gum

[gʌm]

⑪ キャンディー

キャンディ
candy

[kǽndi]

⑫ せんべい

ライス　クラカァズ
rice crackers

[ráis krǽkərz]

⑬ ドーナツ

ドウナット
doughnut

[dóunʌt]

⑭ パフェ

パーふェイ
parfait

[pɑːrféi]

⑮ プリン

プディング
pudding

[púdiŋ]

⑯ ポップコーン

パ(ー)ップコーン
popcorn

[pá(:)pkɔːrn]

⑰ ポテトチップス

ポテイトウ
potato
チップス
chips

[pətéitou tʃìps]

⑱ わたがし

カ(ー)トゥン
cotton
キャンディ
candy

[kà(:)t(ə)n kǽndi]

⑲ 牛乳
<ruby>牛乳<rt>ぎゅうにゅう</rt></ruby>

ミるク
milk

[milk]

英検 5 級

⑳ 紅茶
<ruby>紅茶<rt>こうちゃ</rt></ruby>

ティー
tea

[ti:]

英検 5 級

㉑ コーヒー

コ(ー)ふィ
coffee

[kɔ́(:)fi]

英検 5 級

㉒ コーラ

コウら
cola

[kóulə]

英検 3 級

㉓ ソーダ水

ソウダ
soda

[sóudə]

英検 3 級

㉔ ジュース

ヂュース
juice

[dʒu:s]

英検 5 級

㉕ 水

ウォータァ
water

[wɔ́:tər]

英検 5 級

㉖ ココア

コウコウ
cocoa

[kóukou]

英検 3 級

ごちそう

054

いろいろなごちそうをそれぞれ英語で何と言うか確認しよう。

---

① ステーキ

ステイク
steak

[steik]

英検 **4** 級

② ソーセージ

ソ(ー)セッヂ
sausage

[sɔ́(:)sidʒ]

英検 **4** 級

③ ハム

<ruby>ハム</ruby>
ham

[hæm]

④ 小エビ

<ruby>シリンプ</ruby>
shrimp

[ʃrimp]

⑤ サケ

<ruby>サモン</ruby>
salmon

[sǽmən]

⑥ ロブスター

<ruby>ら(ー)ブスタァ</ruby>
lobster

[lá(:)bstər]

⑦ サラダ

<ruby>サらッド</ruby>
salad

[sǽləd]

英検 5 級

牛肉

<ruby>ビーふ</ruby>
beef

[bi:f]

英検 4 級

ぶた肉

<ruby>ポーク</ruby>
pork

[pɔ:rk]

英検 4 級

とり肉

<ruby>チキン</ruby>
chicken

[tʃíkin]

英検 4 級

117

調理方法 〜カレーを作ろう〜
ちょう り

🔊 **055**

調理をする表現を英語で何と言うか確認しよう。
ひょうげん えい ご　　　　　　　　かくにん

Let's cook curry.
レッツ　クック　カ〜リィ

カレーを作るわよ。

Peel the potatoes.
ピーる　ざ　ポテイトウズ

ジャガイモの皮をむいて。
かわ

After that, please cut them.
アふタァ　ざット　プリーズ　カット　ぜム

そのあと，それを切ってください。

（〜の）皮をむく

peel
ピーる

[pi:l]

〜を切る

cut
カット

[kʌt]

英検 **4** 級

～を細かく刻む

chop
チャ(ー)ップ

[tʃɑ(ː)p]

（オーブンで）～を焼く

bake
ベイク

[beik]

～をあみで焼く

grill
グリる

[gril]

～を油であげる，いためる

fry
ふライ

[frai]

～を混ぜる

mix
ミックス

[miks]

～をゆでる，わかす

boil
ボイる

[bɔil]

たまご料理いろいろ

scrambled eggs
スクランブるド　エッグズ
スクランブルエッグ

fried egg
ふライド　エッグ
目玉焼き

boiled egg
ボイるド　エッグ
ゆでたまご

調理器具，食器

056

返しべら
かえ

turner
タ〜ナァ

[tə́:rnər]

おたま

ladle
れイドる

[léidl]

ボウル，どんぶり

bowl
ボウる

[boul]

英検**3**級

フライパン

frying pan
ふライイング　パン

[fráiiŋ pæn]

なべ，ポット

pot
パ(ー)ット

[pɑ(:)t]

英検**3**級

やかん

kettle
ケトゥる

[kétl]

英検**3**級

まな板

cutting board
カティング ボード

[kʌ́tiŋ bɔ̀ːrd]

皿
さら

plate
プレイト

[pleit]

英検 3 級

スプーン

spoon
スプーン

[spuːn]

英検 5 級

フォーク

fork
ふォーク

[fɔːrk]

英検 5 級

はし

chopsticks
チャ(ー)ップスティックス

[tʃá(ː)pstiks]

英検 3 級

※ふつう
chopsticks
チャ(ー)ップスティックス
あらり
と表す

カップ(陶器, プラスチック製)
とうき　　　　　　　　　　せい

cup
カップ

[kʌp]

英検 5 級

コップ(ガラス製)

glass
グラス

[glæs]

英検 5 級

ごはん茶わん

rice bowl
ライス ボウる

[ráis boul]

057

調味料 ～塩をとってください～

ふきだしの中の赤い単語を，以下の①～⑩の単語に言いかえてみよう。

プリーズ　パス　ミー　ざ　ソーるト
Please pass me the salt.
塩をとってください。

オウケイ ヒア　　ユー　　アー
OK. Here you are.
いいですよ。はい，どうぞ。

会話表現をチェック！
プリーズ　パス　ミー
Please pass me ～.「～をとってください」

① 砂糖

シュガァ
sugar

[ʃúɡər]

英検4級

② 塩

ソーるト
salt

[sɔːlt]

英検4級

③ しょう油

ソイ ソース
soy sauce

[sɔ́i sɔːs]

④ 酢

ヴィネガァ
vinegar

[vínigər]

⑤ こしょう

ペパァ
pepper

[pépər]

英検 4 級

⑥ ドレッシング

ドゥレッスィング
dressing

[drésiŋ]

⑦ ケチャップ

ケチャプ
ketchup

[kétʃəp]

⑧ マヨネーズ

メイアネイズ
mayonnaise

[méiəneiz]

⑨ からし，マスタード

マスタド
mustard

[mʌ́stərd]

⑩ オリーブ油

ア(ー)りヴ オイる
olive oil

[à(ː)liv ɔ́il]

11 食事
しょく じ

朝ごはん，昼ごはん①
～朝食は何を食べる？～
ちょうしょく

058

ふきだしの中の赤い単語を，以下の①～⑨の単語に言いかえてみよう。
たん ご　　　　　い か

> （フ）ワット　ドゥ　ユー　ハヴ　　ふォ　ブレックふァスト
> **What do you have for breakfast?**
>
> あなたは朝食には何を食べるの？

> アイ ユージュ（ア）りィ ハヴ　　　トゥスト　アンド　ヨウガト
> **I usually have toast and yogurt.**
>
> トーストとヨーグルトを食べるわ。

会話表現をチェック！

アイ ハヴ
I have ～.「～を食べます」

メモ 「朝食に」は，for breakfast と言います。
ふォ　ブレックふァスト

朝食

ブレックふァスト
breakfast

[brékfəst]

英検 5 級

① トースト

トゥスト
toast

[toust]

英検 4 級

② ヨーグルト

ヨウガト
yogurt

[jóugərt]

英検 4 級

③ たまご

エッグ
egg

[eg]

英検 5 級

④ チーズ

チーズ
cheese

[tʃiːz]

英検 5 級

⑤ ベーコン

ベイコン
bacon

[béik(ə)n]

⑥ シリアル, コーンフレーク

スィ(ア)リアる
cereal

[sí(ə)riəl]

⑦ パン

ブレッド
bread

[bred]

英検 5 級

⑧ クロワッサン

クワーサーン
croissant

[krwɑ:sá:n]

⑨ フランスパン

ふレンチ　　　　　ブレッド
French bread

[frentʃ bréd]

朝ごはん，昼ごはん②

〜おにぎりがほしい〜

059

ふきだしの中の赤い単語を，以下の①〜⑨の単語に言いかえてみよう。

イッツ ランチ タイム
It's lunch time.

お昼ごはんの時間だ。

アイ ワ(ー)ント サム　　ライス　ボーるズ　アンド
I want some rice balls and
ふライド チキン
fried chicken.

おにぎりとフライドチキンが
ほしいな。

会話表現をチェック！

アイ ワ(ー)ント
I want 〜.「〜がほしい」

ちゅうしょく
昼食

らンチ
lunch

[lʌntʃ]

英検 5 級

---

① おにぎり

ライス　　ボーる
rice ball

[ráis bɔːl]

② フライドチキン

<ruby>fried<rt>ふライド</rt></ruby>
<ruby>chicken<rt>チキン</rt></ruby>

[fráid tʃíkin]

③ 米，ごはん

<ruby>rice<rt>ライス</rt></ruby>

[rais]

英検 4 級

④ サンドイッチ

<ruby>sandwich<rt>サン(ド)ウィッチ</rt></ruby>

[sǽn(d)witʃ]

英検 5 級

⑤ ヌードル，めん類

<ruby>noodles<rt>ヌードゥるズ</rt></ruby>

[núːdlz]

⑥ ホットドッグ

<ruby>hot dog<rt>ハ(ー)ット ドーグ</rt></ruby>

[há(ː)t dɔːg]

英検 4 級

⑦ ピザ

<ruby>pizza<rt>ピーツァ</rt></ruby>

[píːtsə]

英検 4 級

⑧ チャーハン，焼き飯

<ruby>fried rice<rt>ふライド ライス</rt></ruby>

[fraid ráis]

⑨ スープ

<ruby>soup<rt>スープ</rt></ruby>

[suːp]

英検 4 級

ファストフード
～ファーストフード店でのやりとり～

ふきだしの中の赤い単語を，以下の①～⑧の単語に言いかえてみよう。

※言いかえるときは，◆の語を使おう。

060

へろウ
Hello.
ふォ　ヒア　　オートゥゴウ
For here or to go?

こんにちは。
ここでめし上がりますか，それともお持ち帰りですか？

ふォ　ヒア
For here.
トゥー　ハンバ～ガァズ　　　プリーズ
Two hamburgers, please.

ここで食べます。
ハンバーガーを2つお願いします。

会話表現をチェック！

店内で食べるか，持ち帰るかを聞くときは，**ふォ　ヒア　　オートゥ　ゴウ**
For here or to go?

メモ　サイズを聞くときは，**らーヂ　　オー　ミーディアム**　Large or medium?「Lですか，Mですか？」のように言います。
ほかに注文がないかを聞くときは，**エニィシング　　エルス**　Anything else?「ほかにご注文はありませんか？」と言います。

128

① ハンバーガー

ハンバ～ガァ
hamburger

[hǽmbəːrgər]
◆ ハンバーガァズ
hamburgers

英検 5 級

② チーズバーガー

チーズバ～ガァ
cheeseburger

[tʃíːzbəːrgər]
◆ チーズバーガァズ
cheeseburgers

英検 4 級

③ フライドポテト

ふレンチ　　　ふライズ
French fries

[frentʃ fráiz]

英検 4 級

④ ポップコーン

パ(ー)ップコーン
popcorn

[pá(ː)pkɔːrn]
◆ パ(ー)ップコーンズ
popcorns

⑤ コーラ

コウら
cola

[kóulə]
◆ コウらズ
colas

英検 3 級

⑥ オレンジジュース

オ(ー)レンヂ
orange
デュース
juice

[ɔ́(ː)rindʒ dʒuːs]
◆ オ(ー)レンヂ　デュースイズ
orange juices

⑦ チキンナゲット

チキン
chicken
ナギット
nugget

[tʃíkin nʌ̀git]
◆ チキン　ナギッツ
chicken nuggets

⑧ オニオンリング

アニョン　　　リング
onion ring

[ʌ́njən riŋ]
◆ アニョン　リングズ
onion rings

レストラン 〜何になさいますか？〜

061

ふきだしの中の赤い単語を，以下の①〜⑧の単語に言いかえてみよう。

(フ)ワット ウッド ユー らイク
What would you like?

何になさいますか？

アイド らイク スパゲティ
I'd like spaghetti
アンド サらッド プリーズ
and salad, please.

スパゲッティとサラダを
お願いします。

会話表現をチェック！

レストランなどで，注文を聞くときは，(フ)ワット ウッド ユー らイク **What would you like?**
食べたいものを言うときは，アイド らイク **I'd like 〜.**

メモ (フ)ワット ウッド ユー らイク **What would you like?** は (フ)ワット ドゥ ユー ワ(ー)ント **What do you want?** を，アイド らイク **I'd like** は アイ ワ(ー)ント **I want** をてい
ねいにした言い方です。

---

① スパゲッティ

スパ**ゲ**ティ
spaghetti

[spəgéti]

英検 **4** 級

② サラダ

サらッド
salad

[sǽləd]

英検 **5** 級

③ オムレツ

ア(ー)ムれット
omelet

[á(:)mlət]

④ カレーライス

カ〜リィ　　アンド　　ライス
curry and rice

[kə́:ri ənd rais]

⑤ グラタン

グラータン
gratin

[grá:tən]

⑥ ビーフシチュー

ビーふ　　　ストゥー
beef stew

[bi:f stú:]

⑦ ローストビーフ

ロウスト　　ビーふ
roast beef

[róust bi:f]

⑧ ステーキ

ステイク
steak

[steik]

英検 **4** 級

ステーキの焼き加減いろいろ

ハウ　ウッド　ユー　らイク　ユア　ステイク
How would you like your steak?（ステーキの焼き加減はどうしますか？）と聞
かれたら，次のうちから選んで答えましょう。

レア　　　　なま
rare　生焼け　　　ミーディアム
medium　中くらい焼く　　　ウェる　ダン
well done　よく焼く

味 <ruby>味<rt>あじ</rt></ruby> ～どんな味？～

ふきだしの中の赤い<ruby>単語<rt>たんご</rt></ruby>を，<ruby>以下<rt>いか</rt></ruby>の①～⑩の単語に言いかえてみよう。

ハウ ドゥ ユー らイク ずィス ディッシ
How do you like this dish?

この<ruby>料理<rt>りょうり</rt></ruby>はどうですか？

イッツ ディりシャス
It's delicious.

とてもおいしいです。

会話表現をチェック！

「～はどうですか」と料理の味などの<ruby>感想<rt>かんそう</rt></ruby>を聞くときは，

ハウ ドゥ ユー らイク
How do you like ～?

---

① とてもおいしい

ディりシャス
delicious

[dilíʃəs]

② すっぱい

サウア
sour

[sáuər]

③ <ruby>甘<rt>あま</rt></ruby>い

スウィート
sweet

[swíːt]

英検 5 級

④ <ruby>塩<rt>しお</rt></ruby>からい

ソーるティ
salty

[sɔ́ːlti]

⑤ からい

ハ(ー)ット
hot

[hɑ(ː)t]

英検 5 級

⑥ <ruby>苦<rt>にが</rt></ruby>い

ビタァ
bitter

[bítər]

⑦ ぴりっとした

スパイスィ
spicy

[spáisi]

⑧ しるの多い

ヂューンスィ
juicy

[dʒúːsi]

⑨ おいしい（子どものことば）

ヤミ
yummy

[jʌ́mi]

⑩ まずい

バッド
bad

[bæd]

英検 5 級

12 時_{とき}

四季_{しき} 〜どの季節_{きせつ}がいちばん好_すき？〜

063

ふきだしの中_{なか}の赤_{あか}い単語_{たんご}を，以下_{いか}の①〜④の単語_{たんご}に言_いいかえてみよう。

（フ）ウィッチ スィーズン ドゥ ユー らイク ざ ベスト
Which season do you like the best?

どの季節がいちばん好き？

アイ らイク スプリング ざ ベスト
I like spring the best.

春がいちばん好きよ。

会話表現をチェック！

「どの〜がいちばん好_すき？」と聞_きくときは，**Which 〜 do you like the best?**
答_{こた}えるときは **I like 〜 the best.** と言_いいます。

---

① 春

スプリング
spring

[spríŋ]

英検 5 級

② 夏

サマァ
summer

[sʌ́mər]

英検 5 級

134

③ 秋

ふォーる
fall

[fɔ:l]

オータム
※ autumn とも言う

④ 冬

ウィンタァ
winter

[wíntər]

週

ウィーク
week

[wi:k]

月

マンす
month

[mʌnθ]

季節

スィーズン
season

[síːz(ə)n]

年

イア
year

[jiər]

季節 の言い方いろいろ

アーりィ スプリング
early spring
春の初め

れイト スプリング
late spring
春の終わり

ミッドサマァ
midsummer
真夏

early は「初期の」
late は「終わりのころの」
mid は「中ごろの」という意味です。

月 ～誕生日は何月？～

064

ふきだしの中の赤い単語を，以下の①～⑫の単語に言いかえてみよう。

> **(フ)ワット マンす　イズユア　バ～すデイ**
> **What month is your birthday?**
>
> あなたの誕生日は何月？

> **イッツ インヂャニュエリィ**
> **It's in January.**
>
> 1月だよ

会話表現をチェック！

「何月に～があるの？」と聞きたいときは，**(フ)ワット マンす　イズ**
What month is ～?

---

① 1月

ヂャニュエリィ
January

[dʒǽnjueri]

英検 5 級

② 2月

ふェビュエリィ
February

[fébjueri]

英検 5 級

③ 3月

マーチ
March

[mɑ:rtʃ]

英検 5 級

④ 4月

エイプリる
April

[éiprəl]

英検 5 級

⑤ 5月

メイ
May

[mei]

英検 5 級

⑥ 6月

ヂューン
June

[dʒu:n]

英検 5 級

⑦ 7月

ヂュらイ
July

[dʒulái]

英検 5 級

⑧ 8月

オーガスト
August

[ɔ́:gəst]

英検 5 級

⑨ 9月

セプテンバァ
September

[septémbər]

英検 5 級

⑩ 10月

ア(ー)クトウバァ
October

[ɑ(:)któubər]

英検 5 級

⑪ 11月

ノウヴェンバァ
November

[nouvémbər]

英検 5 級

⑫ 12月

ディセンバァ
December

[disémbər]

英検 5 級

曜日 ～きょうは何曜日？～

065

ふきだしの中の赤い単語を，以下の①～⑦の単語に言いかえてみよう。

（フ）ワット デイ　イズイットトゥデイ
What day is it today?

きょうは何曜日？

イッツ サタデイ
It's Saturday.

土曜日だよ。

会話表現をチェック！

何曜日かを聞くときは，（フ）ワット デイ　イズイットトゥデイ **What day is it today?**
イッツ
It's ～. で答えます。

メモ 「月曜日に～する」は，曜日の前に ア（ー）ン on をつけて，
アイ プ レイ　テニス　ア（ー）ンマンデイ
I play tennis on Monday. のように言います。

---

① 日曜日

サンデイ
Sunday

[sʌ́ndei]

英検 5 級

② 月曜日

マンデイ
Monday

[mʌ́ndei]

英検 5 級

③ 火曜日

トゥーズデイ
Tuesday

[túːzdei]

英検 5 級

④ 水曜日

ウェンズデイ
Wednesday

[wénzdei]

英検 5 級

⑤ 木曜日

さ〜ズデイ
Thursday

[θə́ːrzdei]

英検 5 級

⑥ 金曜日

ふライデイ
Friday

[fráidei]

英検 5 級

⑦ 土曜日

サタデイ
Saturday

[sǽtərdei]

英検 5 級

日，1日

デイ
day

[dei]

英検 5 級

平日

ウィークデイ
weekday

[wíːkdei]

英検 3 級

週末

ウィーケンド
weekend

[wíːkend]

英検 5 級

139

時間帯 ～午前中は何をするの？～

ふきだしの中の赤い単語を，以下の①～⑦，⑨，⑩の用例と⑧の表現に言いかえてみよう。

（フ）ワット ドゥ ユー ドゥ インざ モーニング
What do you do in the morning?

午前中は何をするの？

アイ プラクティス テニス
I practice tennis.

テニスを練習するよ。

会話表現を チェック！

（フ）ワット ドゥ ユー ドゥ
What do you do ～? 「～に何をするの？」

メモ　in the morning「午前中に」，in the afternoon「午後に」，at night「夜に」のように，時間帯によって，言い方がかわります。

---

① 朝，午前

モーニング
morning

[mɔ́ːrniŋ]

用例　**in the morning** 「午前中に」　英検 5 級

② 午後

アフタヌーン
afternoon

[æ̀ftərnúːn]

用例　**in the afternoon** 「午後に」　英検 5 級

140

③ 夕方，晩 ^{ばん}

イーヴニング
evening

[íːvniŋ]

用例 インずィ イーヴニング
in the evening
「夕方に」

英検 5 級

④ 夜

ナイト
night

[nait]

用例 アト ナイト
at night
「夜に」

英検 5 級

⑤ 正午

ヌーン
noon

[nuːn]

用例 アト ヌーン
at noon
「正午に」

英検 5 級

⑥ 真夜中 ^{ま よ なか}

ミッドナイト
midnight

[mídnait]

用例 アト ミッドナイト
at midnight
「真夜中に」

英検 4 級

⑦ 昼間

デイタイム
daytime

[déitaim]

用例 インざ デイタイム
in the daytime
「昼間に」

英検 3 級

⑧ 早朝 ^{そうちょう}

ア〜りィ
early
モーニング
morning

[ə́ːrli mɔ̀ːrniŋ]

⑨ 午前

エイエム
a.m.

[èi ém]

用例 エイトエイエム
8 a.m.
「午前8時」

⑩ 午後

ピーエム
p.m.

[pìː ém]

用例 エイトピーエム
8 p.m.
「午後8時」

過去のこと ～きのう京都に行ったよ～

067

ふきだしの中の赤い単語を，以下の①～⑩の単語に言いかえてみよう。

アイウェント トゥ イェスタディ
I went to Kyoto yesterday.

きのう京都に行ったよ。

ディッドユー ハヴ
Did you have
ア グッド タイム
a good time?

たの
楽しかった？

イェス アイハッド ア グレイト タイム
Yes. I had a great time.

うん。とても楽しかったよ。

会話表現をチェック！

アイウェント トゥ イェスタディ
I went to ～ yesterday.
「きのう～に行きました」
ディッド ユー
Did you ～?「～しましたか？」

メモ 「楽しい時間をすごした」は，
アイハッド ア グレイト グッド タイム
I had a great [good] time. と言います。

---

① きのう

イェスタディ
yesterday

[jéstərdi]

② おととい

ざ ディ
the day
ビふォー イェスタディ
before yesterday

[ðə dei bifɔ́:r jéstərdi]

142

③ 2日前

トゥー　デイズ　アゴゥ
two days ago

[tu: deiz əgóu]

④ 3年前

すリー　イアズ　アゴゥ
three years ago

[θri: jiərz əgóu]

⑤ この前の月曜日

らースト　マンデイ
last Monday

[læst mʌ́ndei]

⑥ 先週

らースト　ウィーク
last week

[læst wi:k]

⑦ 先週末

らースト　ウィーケンド
last weekend

[læst wí:kend]

⑧ 先月

らースト　マンす
last month

[læst mʌnθ]

⑨ 昨年

らースト　イア
last year

[læst jíər]

⑩ この前の夏

らースト　サマァ
last summer

[læst sʌ́mər]

未来のこと ～あした沖縄に行くよ～

068

ふきだしの中の赤い単語を，以下の①～⑩の単語に言いかえてみよう。

I will go to Okinawa tomorrow.
アイウィる ゴウ トゥ　　　　　　　　トゥマ(ー)ロウ

あした沖縄に行くんだ。

Wow! That's nice.
ワウ　　ざッツ　　ナイス

わあ，いいな。

会話表現をチェック！

I will go to ～ tomorrow.「あした～に行きます」
アイウィる ゴウ トゥ　トゥマ(ー)ロウ

メモ　未来のことを言うときは，go の前に will を入れます。

---

① あした

トゥマ(ー)ロウ
tomorrow

[təmá(:)rou]

② あさって

ざ　　デイ
the day
アふタァ　　トゥマ(ー)ロウ
after tomorrow

[ðə dei ǽftər təmá(:)rou]

144

③ 今度の月曜日

ネクスト　マンデイ
next Monday

[nekst mʌ́ndei]

④ 来週

ネクスト　ウィーク
next week

[nekst wiːk]

⑤ 来月

ネクスト　マンす
next month

[nekst mʌnθ]

⑥ 来年

ネクスト　イア
next year

[nekst jiər]

⑦ 今度の夏

ネクスト　サマァ
next summer

[nekst sʌ́mər]

⑧ この週末

ずィス　ウィーケンド
this weekend

[ðis wíːkend]

⑨ 1年後に

イン　ア　イア
in a year

[in ə jiər]

⑩ 将来

イン　ざ　ふューチャ
in the future

[in ðə fjúːtʃər]

13 天気，気候，災害

天気，気候 ～きょうの天気はどう？～

069

ふきだしの中の赤い単語を，以下の①〜⑩の単語に言いかえてみよう。

How's the weather today?
（ハウズ ざ ウェざァ トゥデイ）

きょうの天気はどう？

It's sunny.
（イッツ サニィ）

晴れてるよ。

会話表現をチェック！

How's the weather today?「きょうの天気はどうですか？」
という質問には **It's 〜.** で答えます。

メモ weather は「天気」という意味です。

「晴れる」には，ほかに fine, clear という語があります。

---

① 太陽の照っている

サニィ
sunny

[sʌ́ni]　※ fine, clear
とも言う

英検 5 級

② 雨の

レイニィ
rainy

[réini]

英検 5 級

③ くもりの

クらウディ
cloudy

[kláudi]

英検 5 級

④ 風の強い

ウィンディ
windy

[wíndi]

英検 4 級

⑤ 暑い

ハ(ー)ット
hot

[hɑ(:)t]

英検 5 級

⑥ 寒い，冷たい

コウるド
cold

[kould]

英検 5 級

⑦ 暖かい

ウォーム
warm

[wɔːrm]

英検 4 級

⑧ すずしい

クーる
cool

[kuːl]

英検 4 級

⑨ 湿気の多い

ヒューミッド
humid

[hjúːmid]

⑩ 雪の降る

スノウイ
snowy

[snóui]

英検 4 級

147

地震
じ　しん

ア～すクウェイク
earthquake

[ɔ́:rθkweik]

英検 3 級

雷
かみなり

さンダァ
thunder

[θʌ́ndər]

英検 3 級　※「いなずま」
は lightning
らイトニング

雪

スノウ
snow

[snou]

英検 5 級

雨

レイン
rain

[rein]

英検 5 級

にわか雨，夕立

シャウア
shower

[ʃáuər]

英検 4 級

風

ウィンド
wind

[wind]

英検 5 級

あらし，暴風雨

storm
ストーム

[stɔːrm]

英検 3 級

洪水
こうずい

flood
ふらッド

[flʌd]

英検 3 級

噴火
ふんか

eruption
イラプション

[irʌ́pʃən]

台風

typhoon
タイふーン

[taifúːn]

英検 3 級

竜巻と台風

「竜巻」は tornado
トーネイドウ

竜巻はアメリカ中西部などによく発生します。

大竜巻が通ったあとは，大きな被害が出ます。

台風の呼び方

台風のような熱帯低気圧は，発生する海の場所によって，呼び方がちがいます。

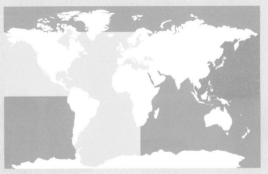

typhoon と呼ぶ場所
タイふーン

hurricane と呼ぶ場所
ハ〜リケイン

cyclone と呼ぶ場所
サイクロウン

人 ～あの人はだれ？～

071

ふきだしの中の赤い単語を，以下の①～④の単語に言いかえてみよう。

フー　イズ　ざっと
Who is that?

あの人はだれ？

ヒー イズ ヂャ(ー)ン ヒー イズ マイ　クらスメイト
He is John. He is my classmate.

ジョンだよ。ぼくのクラスメートだよ。

会話表現をチェック！

フー　イズ
Who is ～?「～はだれですか？」

メモ　男の人なら He is ～.「彼は～です」
女の人なら She is ～.「彼女は～です」で答えます。

---

① クラスメート

クらスメイト
classmate

[klǽsmeit]

英検4級

② 生徒，学生

ストゥーデント
student

[stúːd(ə)nt]

英検5級

③ 先生, 教師

<ruby>教師<rt>きょうし</rt></ruby>

<ruby>teacher<rt>ティーチャ</rt></ruby>

[tíːtʃər]

英検 5 級

④ 友人, 友だち

<ruby>friend<rt>ふレンド</rt></ruby>

[frend]

英検 5 級

少年

<ruby>boy<rt>ボイ</rt></ruby>

[bɔi]

英検 5 級

少女

<ruby>girl<rt>ガ〜る</rt></ruby>

[gəːrl]

英検 5 級

赤ちゃん

<ruby>baby<rt>ベイビィ</rt></ruby>

[béibi]

英検 5 級

子ども

<ruby>child<rt>チャイるド</rt></ruby>

[tʃaild]
※2人以上は <ruby>children<rt>チるドゥレン</rt></ruby>

英検 5 級

女性

<ruby>女性<rt>じょせい</rt></ruby>

<ruby>woman<rt>ウマン</rt></ruby>

[wúmən]
※2人以上は <ruby>women<rt>ウィミン</rt></ruby>

英検 5 級

男性

<ruby>男性<rt>だんせい</rt></ruby>

<ruby>man<rt>マン</rt></ruby>

[mæn]
※2人以上は <ruby>men<rt>メン</rt></ruby>

英検 5 級

家族 〜家族を紹介する〜

072

ふきだしの中の赤い単語_{たんご}を，以下_{いか}の①〜⑫の単語に言いかえてみよう。

ずィス イズ マイ ブラざァ
This is my brother, Taro.

この人はぼくの兄_{たろう}の太郎だよ。

アイム グラッド トゥ ミート ユー
I'm glad to meet you.

あなたにお会_あいできて
うれしいです。

会話表現を チェック！

人を紹介するときは，
ずィス イズ
This is 〜.「こちらは〜です」
アイム グラッド トゥ ミート ユー
I'm glad to meet you.「お会いできてうれしいです」

---

① 兄弟, 兄, 弟

ブラざァ
brother

[brʌ́ðər] 英検 5 級

② 姉妹, 姉, 妹

スィスタァ
sister

[sístər] 英検 5 級

③ 父
ふァーザァ
father

[fάːðər] 英検 5 級

④ 母
マざァ
mother

[mʌ́ðər] 英検 5 級

⑤ そ ふ 祖父
グラン(ド)ふァーザァ
grandfather

[grǽn(d)fὰːðər] 英検 5 級

⑥ そ ぼ 祖母
グラン(ド)マざァ
grandmother

[grǽn(d)mὰðər] 英検 5 級

⑦ むすこ 息子
サン
son

[sʌn] 英検 5 級

⑧ むすめ 娘
ドータァ
daughter

[dɔ́ːtər] 英検 5 級

⑨ おっと 夫
ハズバンド
husband ——自分

[hʌ́zbənd] 英検 4 級

⑩ つま 妻
ワイふ
wife

[waif] 英検 4 級

⑪ おじ
アンクる
uncle

[ʌ́ŋkl] 英検 5 級

⑫ おば
アント
aunt

[ænt] 英検 5 級

153

職業① 〜お仕事は何？〜

ふきだしの中の赤い単語を，以下の①〜⑩の単語に言いかえてみよう。

※⑤，⑩は a が an になります。

(フ)ワット ドゥー ユア ペ(ア)レンツ ドゥー
What do your parents do?
ご両親はどんなお仕事をしてるの？

マイ ふァーざァ イズ ア ダ(ー)クタァ
My father is a doctor.
わたしの父は，医者だよ。

マイ マざァ イズ ア ナ〜ス
My mother is a nurse.
わたしの母は看護師だよ。

会話表現をチェック！

(フ)ワット ドゥー ドゥー
What do 〜 do?「〜は何[どんな仕事]をし(てい)ますか？」

---

① 医者

ダ(ー)クタァ
doctor

[dá(:)ktər]

英検 5 級

② 看護師

ナ〜ス
nurse

[nə:rs]

英検 5 級

154

③ 弁護士

ろーヤァ
lawyer

[lɔ́:jər]

英検 3 級

④ パン職人

ベイカァ
baker

[béikər]

⑤ 会社員

ア(ー)ふィス　ワ～カァ
office worker

[á(:)fəs wə̀:rkər]

⑥ 公務員

パブリック　　サ～ヴァント
public servant

[pʌ̀blik sə́:rv(ə)nt]

⑦ 警察官

ポりース　　　ア(ー)ふィサァ
police officer

[pəlí:s à(:)fəsər]

英検 3 級

⑧ 農場主

ふァーマァ
farmer

[fá:rmər]

英検 4 級

⑨ バスの運転手

バス　　ドゥライヴァ
bus driver

[bás dràivər]

⑩ 技師, エンジニア

エンヂニア
engineer

[èndʒiníər]

英検 4 級

職業② ～何になりたい？～

ふきだしの中の赤い単語を，以下の①～⑩の単語に言いかえてみよう。

※③は a が an になります。

（フ）ワット ドゥー ユー　ワ（ー）ント トゥ ビー
What do you want to be?

あなたは何になりたい？

アイ ワ（ー）ント トゥ ビー ア ふろ（ー）リスト
I want to be a florist.

わたしはお花屋さんに
なりたいわ。

会話表現をチェック！

（フ）ワット ドゥー ユー　ワ（ー）ント トゥ ビー
What do you want to be? 「あなたは何になりたいですか？」

アイ ワ（ー）ント トゥ ビー
I want to be ～. 「わたしは～になりたいです」

---

① 花屋さん

ふろ（ー）リスト
florist

[flɔ́(:)rist]

② パイロット

パイろット
pilot

[páilət]

英検 5 級

156

③ 俳優
<small>はいゆう</small>

<small>アクタァ</small>
actor

[ǽktər]

英検 **4** 級

④ 消防士
<small>しょうぼう し</small>

<small>ふァイア　ふァイタァ</small>
fire fighter

[fáiər fàitər]

英検 **3** 級

⑤ 科学者
<small>か がくしゃ</small>

<small>サイエンティスト</small>
scientist

[sáiəntəst]

英検 **4** 級

⑥ 歌手

<small>スィンガァ</small>
singer

[síŋər]

英検 **5** 級

⑦ 大工
<small>だい く</small>

<small>カーペンタァ</small>
carpenter

[kάːrp(ə)ntər]

英検 **3** 級

⑧ 美容師
<small>び よう し</small>

<small>ヘアドゥレサァ</small>
hairdresser

[héərdrèsər]

⑨ コック

<small>クック</small>
cook

[kuk]

英検 **5** 級

⑩ 菓子職人
<small>か し しょくにん</small>

<small>ペイストリィ　シェふ</small>
pastry chef

[péistri ʃef]

ふきだしの中の赤い単語を，以下の①〜⑩の単語に言いかえてみよう。

※⑤，⑨，⑩は a が an になります。

（フ）ワッツ　ユア　ドゥリーム
What's your dream?

きみの夢は何？

マイ　ドゥリーム　イズ　トゥ　ビー
My dream is to be
ア　サ（ー）カァ　プれイア
a soccer player.

ぼくの夢はサッカー選手
になることだよ。

会話表現を チェック！

（フ）ワッツ　ユア　ドゥリーム
What's your dream?「あなたの夢は何ですか？」

マイ　ドゥリーム　イズ　トゥ　ビー
My dream is to be 〜.「わたしの夢は〜になることです」

---

① サッカーの選手

サ（ー）カァ
soccer
プれイア
player

[sá(ː)kər plèiər]

② 野球の選手
や　きゅう

ベイスボーる
baseball
プれイア
player

[béisbɔːl plèiər]

③ 画家

ペインタァ
painter

[péintər]

英検 **3** 級

④ デザイナー

ディ**ザ**イナァ
designer

[dizáinər]

⑤ 宇宙飛行士

アストゥロノート
astronaut

[ǽstrənɔːt]

英検 **3** 級

⑥ 客室乗務員

ふらイト
flight
アテンダント
attendant

[fláit ətènd(ə)nt]

⑦ 獣医

ヴェット
vet

[vet]

※正式には veterinarian
ヴェテリネアリアン

⑧ 作家

ライタァ
writer

[ráitər]

英検 **4** 級

⑨ 通訳者

イン**タ**～プリタァ
interpreter

[intə́ːrprətər]

⑩ イラストレーター

イらストゥレイタァ
illustrator

[íləstreitər]

15 街 (まち)

建物① (たて もの) ～駅はどこ？～

076

ふきだしの中の赤い単語を，以下の①～⑩の単語に言いかえてみよう。

（フ）ウェア イズ ざ ステイション
Where is the station?

駅（えき）はどこですか？

ゴウ ダウン ずィス ストゥリート
Go down this street.
アンド ターン れふト アト ざ ハ(ー)スピトゥる
And turn left at the hospital.

この通りを行ってください。そして
病院（びょういん）のところで左に曲（ま）がってください。

会話表現をチェック！

（フ）ウェア イズ
Where is ～? 「～はどこですか？」
ゴウ ダウン ずィス ストゥリート
Go down this street. 「この通りを行ってください」
ターン れふト アト
Turn left at ～. 「～のところで左に曲がってください」

---

① 駅

ステイション
station

[stéiʃ(ə)n]

② 病院 (大きな総合病院（そうごう）)

ハ(ー)スピトゥる
hospital

[há(:)spitl]

160

③ 図書館
と しょかん

らイブレリィ
library

[láibreri]

英検 5 級

④ 郵便局
ゆうびんきょく

ポウスト　　ア(ー)ふィス
post office

[póust à(:)fəs]

英検 5 級

⑤ 銀行
ぎんこう

バンク
bank

[bǽŋk]

⑥ 公園

パーク
park

[pɑːrk]

英検 5 級

⑦ 交番

ポりース　　　　バ(ー)ックス
police box

[pəlíːs bɑ(:)ks]

⑧ 動物園
どうぶつえん

ズー
zoo

[zuː]

英検 5 級

⑨ 市役所，市庁舎
し やくしょ　し ちょうしゃ

スィティ　ホーる
city hall

[sìti hɔ́ːl]

⑩ 博物館，美術館
はくぶつかん　び じゅつかん

ミュ(ー)ズィ(ー)アム
museum

[mjuː(:)zí(:)əm]

英検 5 級

アート　ミュ(ー)ズィ(ー)アム
※「美術館」は art museum
とも言う

161

077

ふきだしの中の赤い単語を，以下の①〜⑩の単語に言いかえてみよう。

ハウ ろ(ー)ング ダズ イットテイク トゥ ざ ホウテる
How long does it take to the hotel?

ホテルまでどれくらいかかりますか？

イッツ アバウト テン ミニッツ
It's about ten minutes.

約10分です。

会話表現をチェック！

ハウ ろ(ー)ング ダズ イットテイク トゥ
How long does it take to 〜?「〜までどれくらいかかりますか？」

イッツ ミニッツ アウアズ
It's 〜 minutes[hours].「〜分[時間]です」

---

① ホテル

ホウテる
hotel

[hòutél]

英検 5 級

② 競技場

ステイディアム
stadium

[stéidiəm]

英検 4 級

③ 寺院，寺

じ いん

temple
テンプる

[témpl]

英検 3 級

④ 神社

じんじゃ

shrine
シライン

[ʃrain]

英検 3 級

⑤ 水族館

すいぞくかん

aquarium
アクウェ(ア)リアム

[əkwé(ə)riəm]

英検 3 級

⑥ 遊園地

ゆうえん ち

amusement park
アミューズメント　パーク

[əmjú:zmənt pɑːrk]

英検 3 級

⑦ 消防署

しょうぼうしょ

fire station
ふァイア　ステイション

[fáiər stèiʃ(ə)n]

⑧ 工場

factory
ふァクトリィ

[fǽkt(ə)ri]

英検 4 級

⑨ 塔，タワー

とう

tower
タウア

[táuər]

英検 4 級

⑩ バス停

てい

bus stop
バス　スタ(ー)ップ

[bʌ́s stɑ(ː)p]

英検 5 級

163

店 〜本屋さんに行きたい〜

ふきだしの中の赤い単語を，以下の①〜⑩の単語に言いかえてみよう。

アイ ワ(ー)ント トゥ ゴウ トゥ ざ ブックストー
I want to go to the bookstore.

わたしは本屋さんに行きたいの。

イッツ ネクスト トゥ ざ コ(ー)ふィ シャ(ー)ップ
It's next to the coffee shop.

コーヒー店のとなりにあるよ。

会話表現をチェック！

アイ ワ(ー)ント トゥ ゴウ トゥ
I want to go to 〜.「〜に行きたい」

ネクスト トゥ
next to 〜「〜のとなりに」

---

① 本屋さん，書店

ブックストー
bookstore

[búkstɔːr]

② 喫茶店，コーヒー店

コーふィ シャ(ー)ップ
coffee shop

[kɔ́ːfi ʃɑ(ː)p]

③ 花屋さん

ふらウア　　シャ(ー)ップ
flower shop

[fláuər ʃɑ(:)p]

④ ドラッグストア

ドゥラグストー
drugstore

[drʌ́gstɔ:r]

⑤ スーパーマーケット

スーパマーケット
supermarket

[súːpərmàːrkət]

⑥ デパート

ディパートメント　　　　　ストー
department store

[dipáːrtmənt stɔːr]

英検 5 級

⑦ パン屋さん

ベイカリィ
bakery

[béik(ə)ri]

英検 4 級

⑧ ハンバーガーショップ

ハンバ～ガァ　　　　　シャ(ー)ップ
hamburger shop

[hǽmbəːrgər ʃɑ(:)p]

⑨ 美容院

ヘア　　　　サロン
hair salon

[héər səlà(:)n]

⑩ レストラン

レストラント
restaurant

[réstərənt]

英検 5 級

道をたずねる・案内する①
～まっすぐ行ってください～

Where is the drugstore?
(フ)ウェア イズ ざ ドゥラグストー

ドラッグストアはどこですか？

Go straight and turn right at the hospital.
ゴウ ストゥレイト アンド ターン ライト
アト ざ ハ(ー)スピトゥる

まっすぐ行って，病院のところで右に曲がってください。

会話表現をチェック！

go straight「まっすぐ行く」
ゴウ ストゥレイト

まっすぐな，まっすぐに

straight
ストゥレイト

[streit]

英検**3**級

曲がる

turn
ターン

[təːrn]

英検**5**級

166

右，右の，右に

ライト
right

[rait]

英検 5 級

左，左の，左に

れふト
left

[left]

英検 5 級

かど
角

コーナァ
corner

[kɔ́:rnər]

英検 4 級

こうつうしんごう
交通信号

トゥ**ラ**ふィック　**ら**イト
traffic light

[trǽfik lait]

北，北の

ノーす
north

[nɔ:rθ]

英検 4 級

南，南の

サウす
south

[sauθ]

英検 4 級

東，東の

イースト
east

[i:st]

英検 4 級

西，西の

ウェスト
west

[west]

英検 4 級

場所を示すいろいろな表現

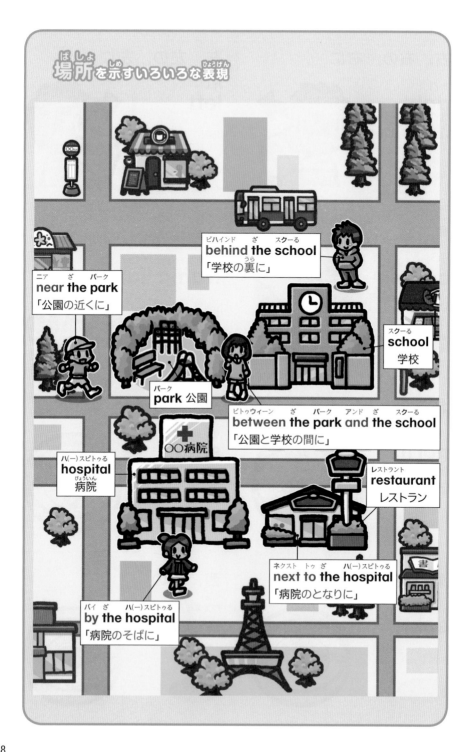

168

〜右側_{みぎがわ}に見えますよ〜

080

ゴウ ストゥレイト　アンド　ユーる　スィー
Go straight, and you'll see
エイビースィーホウテる ア(ー)ン ユア　　ライト
ABC Hotel on your right.

まっすぐ行くと，ABC ホテルは
あなたの右側に見えますよ。

〜見過_{みす}ごしませんよ〜

ユー　キャント ミス　イット
You can't miss it.

見過ごしませんよ。

〜ここから5分です〜

イット テイクス　ふァイヴ ミニッツ　　ふラム　ヒア
It takes five minutes from here.

ここから5分ですよ。

会話表現をチェック！

ユーる　スィー　ア(ー)ン ユア　ライト　れふト
You'll see 〜 on your right [left].「右側 [左側] に〜が見えますよ」
ユー　キャント ミス　イット
You can't miss it.「見過ごしませんよ」

メモ 「(時間_{じかん}が) 〜かかる」は take で表_{あらわ}します。
テイク
例_{れい}) It takes an hour.「1時間かかります」

道をたずねる・案内する③
~駅への行き方は？~

081

How can I get to Nishi Station?
ハウ　キャン アイ ゲット トゥ　　ステイション

西駅にはどうやって行けばいいですか？

Take the Chuo Line and get off
テイク　ざ　　　　　らイン　アンド　ゲット　オ(ー)ふ
at Nishi Station.
アト　　　　ステイション
It'll take ten minutes.
イットゥる テイク　テン　ミニッツ

中央線に乗って西駅で降りてください。
10分で着きますよ。

Thank you.
サンク　　ユー

ありがとう。

会話表現をチェック！

How can I get to ～?「～にはどうやって行けますか？」
ハウ　キャン アイ ゲット トゥ

take「～に乗る」, **get off**「降りる」
テイク　　　　　　　　ゲット　オ(ー)ふ

170

行き方を表すいろいろなことば

■ get to ～

ゲット トゥ

「～に着く」

例）I get to the library.

図書館に着きます。

■ get on ～

ゲット ア(ー)ン

「～に乗る」

例）Get on the bus.

バスに乗りなさい。

■ get off ～

ゲット オ(ー)ふ

「～を降りる」

例）Get off the train.

電車を降りなさい。

■ change trains

チェインヂ トゥレインズ

「電車を乗りかえる」

例）Change trains
at Shinjuku Station.

新宿駅で電車を乗りかえなさい。

16 交通手段

乗り物 ～どうやって行くの？～

082

ふきだしの中の赤い単語を，以下の①～⑥の単語に言いかえてみよう。

ハウ　ドゥー　ユー　ゴウ　トゥ　スクーる
How do you go to school?

学校にはどうやって行くの？

バイ　バス
By bus.

バスでです。

アイウォーク　トゥ　スクーる
I walk to school.

歩いて学校に行きます。

会話表現をチェック！

ハウ　　ドゥー　ユー　　ゴウ　トゥ
How do you go to ～?「～にどうやって行きますか？」
バイ
〈**by** ＋乗り物〉「～(乗り物)で」

メモ

「歩いて行く」は，
ゴウ　ア(ー)ン　ふット
go on foot とも言います。

---

① バス

バス
bus

[bʌs]

英検 5 級

② 車

カー
car

[kɑːr]

英検 5 級

③ タクシー

タクスィ
taxi

[tǽksi]

英検 5 級

④ 地下鉄

サブウェイ
subway

[sʌ́bwei]

英検 4 級

⑤ 自転車

バイク
bike

[baik]
※ **バ**イスィクる
bicycle とも言う

英検 5 級

⑥ 船

シップ
ship

[ʃip]

英検 5 級

一輪車

ユーニサイクる
unicycle

[júːnisàikl]

三輪車

トゥ**ラ**イスィクる
tricycle

[tráisikl]

ヘリコプター

へりカ(ー)プタァ
helicopter

[hélakɑ(ː)ptər]

飛行機

プ**れ**イン
plane

[plein]
※ **エア**プれイン
airplane とも言う

英検 4 級

モノレール

マ(ー)ノレイる
monorail

[má(:)nəreil]

列車
れっしゃ

トゥレイン
train

[trein]

英検 5 級

トラック

トゥラック
truck

[trʌk]

英検 4 級

パトカー

ポリース　カー
police car

[pəlíːs kɑːr]

ヨット

ヤ(ー)ット
yacht

[jɑ(ː)t]

ボート，船

ボウト
boat

[bout]

英検 5 級

列車 の言い方いろいろ
れっしゃ

ろウカる　トゥレイン
local train
ふ　つう　　かくえきていしゃ
普通列車，各駅停車

イクスプレス　トゥレイン
express train
きゅうこう
急行列車

りミティッド　イクスプレス　トゥレイン
limited express train
とっきゅう
特急列車

174

きゅうきゅうしゃ
救急車

アンビュらンス
ambulance

[ǽmbjələns]

クレーン

クレイン
crane

[krein]

ブルドーザー

ブるドウザァ
bulldozer

[búldòuzər]

ダンプカー

ダンプ　　　トゥラック
dump truck

[dʌ́mp trʌk]

パワーショベル

パウア　　　シャヴ(ェ)る
power shovel

[páuər ʃʌ̀v(ə)l]

しょうぼうしゃ
消防車

ふァイア　エンヂン
fire engine

[fáiər èndʒin]

せんすいかん
潜水艦

サブマリーン
submarine

[sʌ́bməri:n]

ロケット

ラ(ー)ケット
rocket

[rá(:)kət]

空港① 〜空港でのやりとり①〜

083

ウェるカム　トゥ アメリカ　パスポート　プりーズ
Welcome to America. Passport, please.

アメリカへようこそ。パスポートをお願いします。

ヒア　ユー　アー
Here you are.

はい，どうぞ。

会話表現をチェック!

ヒア　ユー　アー
Here you are. は「はい，どうぞ」と，何かを手渡すときに使います。

メモ　サイトスィーイング　オァ アーン ビズネス　かんこう　しごと
Sightseeing or on business? 「観光ですか，それとも仕事ですか?」と聞か
れたら Sightseeing.「観光で」，On business.「仕事で」のように答えます。

空港

エアポート
airport

[éərpɔːrt]

英検4級

パスポート，旅券

パスポート
passport

[pǽspɔːrt]

英検4級

084

ハウ　ろ(一)ング ウィる ユー　ステイ　ヒア
How long will you stay here?

どのくらいの間，ここに滞在する予定ですか？

ふォ　トゥー　ウィークス
For two weeks.

2週間です。

会話表現を チェック！

ハウ　ろ(一)ング ウィる　ユー
How long will you ～? 「どのくらいの間あなたは～しますか？」

メモ 「～の間」と期間を答えるときは，For ～. と言います。
例）For three days.「3日間」，For a year.「1年間」

にゅうこくかんりじむしょ
入国管理事務所

イミグレイション
immigration

[ìmigréiʃ(ə)n]

とうじょうけん
搭乗券

ボーディング　　　　パス
boarding pass

[bɔ́ːrdiŋ pæs]

席，座席
せき　ざせき

スィート
seat

[si:t]

英検4級

予約席，指定席
よやくせき　していせき

リザ～ヴド
reserved
スィート
seat

[rizə́:rvd si:t]

自由席
じゆうせき

ナン　　リザ～ヴド　　　スィート
non-reserved seat

[nàn-rizə́:rvd si:t]

優先座席
ゆうせん

プライオ(ー)リティ
priority
スィート
seat

[praiɔ́(:)rəti si:t]

デッキ

デック
deck

[dek]

通路
つうろ

アイる
aisle

[ail]

じょうきゃく
乗客

パセンヂャ
passenger

[pǽsindʒər]

英検 3 級

まちあいしつ
待合室

ウェイティング
waiting

ルーム
room

[wéitiŋ ru:m]

とっきゅうれっしゃ
特急列車

りミティッド　　　イクスプレス
limited express

トゥレイン
train

[límitid iksprés trein]

きっぷ
切符

ティケット
ticket

[tíkət]

英検 5 級

はんばいき
切符販売機

ティケット
ticket

マシーン
machine

[tíkət məʃíːn]

じこくひょう
時刻表

タイムテイブる
timetable

[táimtèibl]

かいさつぐち
改札口

ティケット
ticket

ゲイト
gate

[tíkət geit]

プラットホーム

プラットフォーム
platform

[plǽtfɔːrm]

英検 3 級

17 ショッピング

衣料品① ～着てみてもいいですか？～

086

ふきだしの中の赤い単語を，以下の①～⑧の単語に言いかえてみよう。

メイ　アイヘルプ　ユー
May I help you?

いらっしゃいませ。

キャン　アイ　トゥライ　ア(ー)ン　ずィス　スカ～ト
Can I try on this skirt?

このスカートをはいてみてもいいですか？

イェス　プリーズ
Yes, please.

はい，どうぞ。

会話表現をチェック！

メイ　アイヘルプ　ユー
May I help you? は，店員が言う「いらっしゃいませ」という意味です。

トゥライ　ア(ー)ン
try on ～「～を着てみる，試着する」

メモ　「見ているだけです」は I'm just looking. と言います。

---

① スカート

スカ～ト
skirt

[skə:rt]

英検4級

② T シャツ

ティーシャ～ト
T-shirt

[tí:ʃə:rt]

英検5級

③ ブラウス

ブ**ら**ウス
blouse

[blaus]

英検 3 級

④ カーディガン

カーディガン
cardigan

[ká:*r*digən]

⑤ ジャケット，<ruby>上着<rt>うわぎ</rt></ruby>

ヂャケット
jacket

[dʒǽkit]

英検 5 級

⑥ ブレザー

ブ**れ**イザァ
blazer

[bléizə*r*]

⑦ ベスト

ヴェスト
vest

[vest]

英検 4 級

⑧ セーター

スウェタァ
sweater

[swétə*r*]

英検 5 級

ズボン

パンツ
pants

[pænts]

英検 4 級

ジーンズ

ヂーンズ
jeans

[dʒi:nz]

英検 4 級

衣料品②

~もっと大きいものはありますか？~

ふきだしの中の赤い単語を，以下の①～⑦の単語に言いかえてみよう。

087

ずイス　ドゥレス　イズ　ヴェリィ　ナイス
This dress is very nice.
バット　イッツ　トゥー　スモーる
But it's too small.

このドレスはとてもすてきね。
でも，小さすぎるわ。

ドゥ　ユー　ハヴ
Do you have
ア　らーヂャ　ワン
a larger one?

もっと大きいものは
ありますか？

会話表現をチェック！
ドゥ　ユー　ハヴ
Do you have ～?「～がありますか？」

シュア
Sure.

もちろん。

メモ　もっと大きいのがほしいときは **ドゥ ユー ハヴ ア らーヂャ ワン Do you have a larger one?**
　　　もっと小さいのがほしいときは **ドゥ ユー ハヴ ア スモーらァ ワン Do you have a smaller one?** と言います。

① ドレス

ドゥレス
dress

[dres]

英検 5 級

② コート

コウト
coat

[kout]

英検 4 級

182

③ スーツ

スート
suit

[suːt]

英検 3 級

④ 下着

アンダウェア
underwear

[ʌ́ndərweər]

⑤ 制服

ユーニふォーム
uniform

[júːnifɔːrm]

英検 4 級

⑥ ワイシャツ，シャツ

シャ〜ト
shirt

[ʃəːrt]

英検 5 級

⑦ トレーナー

スウェット　シャ〜ト
sweat shirt

[swét ʃəːrt]

ショートパンツ

ショーツ
shorts

[ʃɔːrts]

英検 3 級

パジャマ

パヂャーマズ
pajamas

[pədʒáːməz]
※ふつう pajamas と表す

英検 3 級

くつ下

サ(ー)ックス
socks

[sɑ(ː)ks]
※ふつう socks と表す

英検 5 級

身につけるもの，持ち物①

〜このぼうしを買います〜

088

ふきだしの中の赤い単語を，以下の①〜⑧の単語に言いかえてみよう。

アイる テイク ずィス キャップ
I'll take this cap.

このぼうしを買います。

さンク ユー
Thank you.

ありがとうございます。

会話表現をチェック！

アイる テイク
I'll take 〜. 「〜を買います」

---

① ぼうし（ふちなし）

キャップ
cap

[kæp]

英検 5 級

---

② ぼうし（ふちあり）

ハット
hat

[hæt]

英検 5 級

③ リボン

リボン
ribbon

[ríb(ə)n]

英検 **4** 級

④ スカーフ

スカーふ
scarf

[skɑːrf]

英検 **4** 級

⑤ 指輪，輪

リング
ring

[riŋ]

⑥ ベルト

べるト
belt

[belt]

英検 **3** 級

⑦ ネックレス

ネクれス
necklace

[nékləs]

英検 **3** 級

⑧ ブレスレット

ブレイスれット
bracelet

[bréislət]

手袋

グらヴズ
gloves

[glʌvz]

※ふつう gloves と表す

英検 **3** 級

イヤリング

イアリングズ
earrings

[íəriŋz]

※ふつう earrings と
表す

185

身につけるもの，持ち物②

〜このかばんはいくらですか？〜

089

ふきだしの中の赤い単語を，以下の①〜⑦の単語に言いかえてみよう。

イクスキューズ ミー　ハウ　マッチ　イズ ずィス バッグ
Excuse me. How much is this bag?

すみません。このかばんはいくらですか？

イッツ トゥウェンティ ダ(ー)らァズ
It's 20 dollars.

20 ドルです。

オウケイ
OK.

わかりました。

会話表現をチェック！

ハウ　マッチ
How much 〜?「〜はいくらですか？」

メモ　アメリカの通貨の単位は dollar「ドル」が使われています。

---

① かばん

バッグ
bag

[bæg]

英検 5 級

② ハンカチ

ハンカチーふ
handkerchief

[hǽŋkərtʃi(:)f]

英検 5 級

③ かさ

アンブレら
umbrella

[ʌmbrélə]

英検 5 級

④ 腕時計 (うで・ど・けい)

ワ(ー)ッチ
watch

[wɑ(:)tʃ]

英検 5 級

⑤ エプロン

エイプロン
apron

[éiprən]

英検 4 級

⑥ ネクタイ

タイ
tie

[tai]

英検 4 級

⑦ 名札 (な・ふだ)

ネイム　　タッグ
name tag

[néim tæg]

スニーカー

スニーカァズ
sneakers

[sníːkərz]

※ふつう sneakers と表す

英検 3 級

くつ

シューズ
shoes

[ʃuːz]

※ふつう shoes と表す

英検 5 級

めがね

ぐらスィズ
glasses

[glǽsiz]

※ふつう glasses と表す

英検 5 級

体全体
からだ ぜん たい

🔊 090

体のいろいろな部分をそれぞれ英語で何と言うか確認しよう。

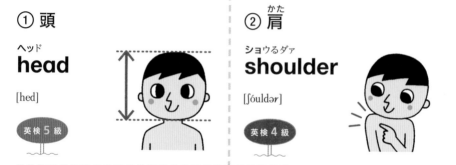

① 頭

ヘッド
head

[hed]

英検5級

② 肩
かた

ショウるダァ
shoulder

[ʃóuldər]

英検4級

③ 胸
むね

チェスト
chest

[tʃest]

④ うで

アーム
arm

[ɑːrm]

⑤ 脚
あし

れッグ
leg

[leg]

⑥ ひざ

ニー
knee

[niː]

⑦ 足の指，つまさき
ゆび

トゥ
toe

[tou]

⑧ 足

ふット
foot

[fut]
※2つ以上は feet
い じょう ふィート

⑨ 背中
せ なか

バック
back

[bæk]

⑩ かかと

ヒーる
heel

[hiːl]

顔

091

顔のいろいろな部分をそれぞれ英語で何と言うか確認しよう。

顔

ふェイス
face

[feis]

英検5級

---

① 毛，髪の毛

ヘァ
hair

[heər]

英検4級

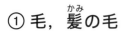

② 目

アイ
eye

[ai]

英検5級

③ 鼻
はな

ノウズ
nose

[nouz]

英検 5 級

④ 耳

イア
ear

[iər]

英検 5 級

⑤ 口

マウす
mouth

[mauθ]

英検 5 級

⑥ くちびる

りップ
lip

[lip]

⑦ 歯
は

トゥーす
tooth

[tu:θ]

※2本以上は teeth
い じょう　ティーす

英検 4 級

⑧ 舌
した

タング
tongue

[tʌŋ]

英検 3 級

⑨ ほお

チーク
cheek

[tʃi:k]

英検 3 級

⑩ 首

ネック
neck

[nek]

英検 4 級

手

092

手のいろいろな部分をそれぞれ英語で何と言うか確認しよう。

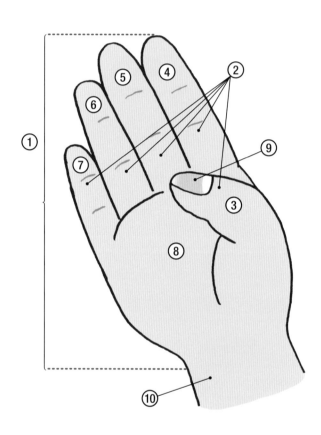

---

① 手

ハンド
hand

[hænd]

英検5級

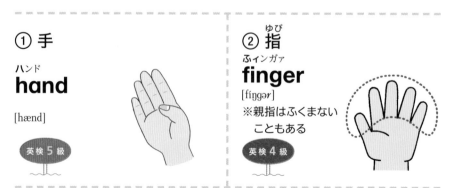

② 指

ふィンガァ
finger

[fíŋgər]

※親指はふくまない
　こともある

英検4級

③ 親指

さム
thumb

[θʌm]

④ 人差し指

ふォーふィンガァ
forefinger

[fɔ́ːrfìŋɡər]

インデックス ふィンガァ
※ index finger
とも言う

⑤ 中指

ミドゥる　　　　　ふィンガァ
middle finger

[mídl fìŋɡər]

⑥ 薬指

さ〜ド　　　　ふィンガァ
third finger

[θə́ːrd fìŋɡər]

リング　ふィンガァ
※ ring finger
とも言う

⑦ 小指

りトゥる　　　　ふィンガァ
little finger

[lítl fìŋɡər]

⑧ 手のひら

パー(る)ム
palm

[pɑː(l)m]

⑨ つめ

ネイる
nail

[neil]

英検 3 級

⑩ 手首

リスト
wrist

[rist]

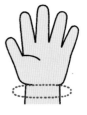

19 病気，けが，病院

<ruby>病気<rt>びょう き</rt></ruby>，けが，<ruby>病院<rt>びょう いん</rt></ruby>

病気，けが ～かぜをひいています～

093

ふきだしの中の赤い<ruby>部分<rt>ぶ ぶん</rt></ruby>を，<ruby>以下<rt>い か</rt></ruby>の<ruby>用例<rt>ようれい</rt></ruby>の<ruby>表現<rt>ひょうげん</rt></ruby>に言いかえてみよう。

(フ)ワッツ　ロ(ー)ング
What's wrong?
どうしましたか？

アイ ハヴ　ア コウるド
I have a cold.
わたしはかぜをひいています。

会話表現をチェック！
ハヴ　ア コウるド
have a cold「かぜをひいている」

かぜ

コウるド
cold [kould]

用例 ハヴ　ア コウるド
have a cold [hæv ə kould]
「かぜをひいている」

英検 5 級

のどの痛み

sore throat [sɔ:r θrout]
ソー すロウト

用例 have a sore throat [hæv ə sɔ:r θrout]
ハヴ ア ソー すロウト
「のどが痛い」

せき

cough [kɔ(:)f]
コ(ー)ふ

用例 have a cough [hæv ə kɔ(:)f]
ハヴ ア コ(ー)ふ
「せきがでる」

熱
ねつ

fever [fíːvər]
ふぃーヴァ

用例 have a fever [hæv ə fíːvər]
ハヴ ア ふぃーヴァ
「熱がある」

英検3級

鼻水
はなみず

runny nose [ráni nouz]
ラニィ ノウズ

用例 have a runny nose [hæv ə ráni nouz]
ハヴ ア ラニィ ノウズ
「鼻水が出る」

インフルエンザ (ふつう the がつく)

flu [flu:]
ふるー

用例 catch the flu [kætʃ ðə flu:]
キャッチ ざ ふるー
「インフルエンザにかかる」

～を折る，骨折する

break [breik]

 break my arm [breik mai ɑːrm]
「腕を骨折する」

 英検 4 級

～を切る

カット
cut [kʌt]

 cut my finger [kʌt mai fíŋɡər]
「指を切る」

 英検 4 級

病気の

スィック
sick [sik]

 feel sick [fiːl sik]
「気分が悪い」

 英検 4 級

鼻血

ノウズブリード
nosebleed [nóuzbliːd]

 get a nosebleed [get ə nóuzbliːd]
「鼻血が出る」

 英検 3 級

寒気

チる
chill [tʃil]

 feel a chill [fiːl ə tʃil]
「寒気がする」

 英検 4 級

歯（は）の痛（いた）み

toothache トゥーセイク [túːθeik]

用例 have a toothache ハヴ ア トゥーセイク [hæv ə túːθeik]
「歯が痛い」

頭痛（ずつう）

headache ヘデイク [hédeik]

用例 have a headache ハヴ ア ヘデイク [hæv ə hédeik]
「頭が痛い」

 英検 3 級

胃痛（いつう）

stomachache スタマケイク [stáməkeik]

用例 have a stomachache スタマケイク
[hæv ə stáməkeik]
「胃が痛い」

 英検 3 級

 ache（エイク）のつくことば

にぶくて続（つづ）く痛みを ache と言います。
〈体（からだ）の部分（ぶぶん）＋ache〉という単語（たんご）で「〜痛」という意味（いみ）です。

stomachache スタマケイク	headache ヘデイク	toothache トゥーセイク
胃痛	頭痛	歯の痛み

stomach（スタマック）は「胃」
という意味。

head（ヘッド）は「頭」
という意味。

tooth（トゥーす）は「歯」
という意味。

197

094

医者
いしゃ

ダ(ー)クタァ
doctor

[dá(:)ktər]

英検 5 級

看護師
かんごし

ナ～ス
nurse

[nə:rs]

英検 5 級

薬剤師
やくざいし

ふァーマスィスト
pharmacist

[fá:rməsist]

病院
びょういん

ハ(ー)スピトゥる
hospital

[há(:)spitl]

英検 5 級

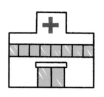

薬局
やっきょく

ふァーマスイ
pharmacy

[fá:rməsi]

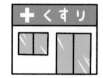

体温計
たいおんけい

さマ(ー)ミタァ
thermometer

[θərmá(:)mətər]

薬
くすり

ドゥ**ラ**ッグ
drug

[drʌɡ]
※ medicine とも言う
メ**ドゥ**ス（ィ）ン

英検 **3** 級

処方せん
しょほう

プリスク**リ**プション
prescription

[priskrípʃ(ə)n]

くしゃみ

ス**ニ**ーズ
sneeze

[sni:z]

アレルギー

アらヂィ
allergy

[ǽlərdʒi]

レントゲン

エクスレイ
x-ray

[éksrei]

マスク

マスク
mask

[mæsk]

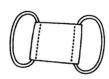

注射
ちゅうしゃ

イン**ヂェ**クション
injection

[indʒékʃ(ə)n]
※ shot とも言う
シャ（ー）ット

聴診器
ちょうしん き

ステ**さ**ススコウプ
stethoscope

[stéθəskòup]

自然 ～きれいな山が見えるよ～

095

ふきだしの中の赤い単語を，以下の①〜㉒の単語に言いかえてみよう。

> オウ アイキャン スィー
> **Oh, I can see**
> ア ビューティふる マウントゥン
> **a beautiful mountain.**
>
> あら，きれいな山が見えるわ。

> イッツ リー(ア)りィ ビューティふる
> **It's really beautiful.**
>
> 本当にきれいね。

会話表現をチェック！
アイキャン スィー
I can see 〜.「〜が見えます」

---

① 山
マウントゥン
mountain

[máunt(ə)n]
マウントゥンズ
※ mountains と
　することが多い

英検 5 級

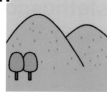

---

② 海（ふつう the をつける）
スィー
sea

[si:]

英検 5 級

200

③ 丘
おか

ヒる
hill

[hil]

④ 島
しま

アイらンド
island

[áilənd]

⑤ 川

リヴァ
river

[rívər]

英検 5 級

⑥ 滝
たき

ウォータふォーる
waterfall

[wɔ́:tərfɔ:l]

英検 3 級

⑦ 浜，浜辺
はま　　はま べ

ビーチ
beach

[bi:tʃ]

英検 3 級

⑧ 湖
みずうみ

れイク
lake

[leik]

英検 5 級

⑨ 池

パ(ー)ンド
pond

[pɑ(:)nd]

英検 4 級

⑩ 森

ふォーレスト
forest

[fɔ́:rəst]

英検 3 級

英検 3 級

英検 3 級

⑪ 空 （ふつう the をつける）

スカイ
sky

[skai]

英検 5 級

⑫ 太陽 （ふつう the をつける）

サン
sun

[sʌn]

英検 5 級

⑬ 月 （ふつう the をつける）

ムーン
moon

[mu:n]

英検 5 級

⑭ 星

スター
star

[stɑːr]

英検 5 級

⑮ 雲

クらウド
cloud

[klaud]

英検 4 級

⑯ にじ

レインボウ
rainbow

[réinbou]

英検 5 級

⑰ 木

トゥリー
tree

[tri:]

英検 5 級

⑱ 葉

りーふ
leaf

[li:f]

英検 3 級

※ 2枚以上の
ときは
leaves

202

⑲ ほら穴（あな），どうくつ

ケイヴ
cave

[keiv]

英検 3 級

⑳ ジャングル

ヂャングる
jungle

[dʒʎŋgl]

英検 4 級

㉑ 大洋（たいよう）（ふつうtheをつける）

オウシャン
ocean

[óuʃ(ə)n]

英検 4 級

㉒ さばく

デザト
desert

[dézərt]

英検 3 級

にじは雨でできた弓（ゆみ）？

にじは，太陽の光が，空気中（くうきちゅう）の水分（すいぶん）に反射（はんしゃ）したり，曲（ま）がったりしてできるものだよ。

rain（レイン）は「雨」，bow（ボウ）は「弓」の意味（いみ）で，rainbow（レインボウ）はもともと「雨でできた弓」という意味なんだ。日本では，にじは7色だと言われているけれど，アメリカでは6色，ドイツやフランスでは3色，5色と言われることもあるよ。

203

天体（太陽系）

096

天体の名前をそれぞれ英語で何と言うか確認しよう。

---

① 月 (ふつう the をつける)

ムーン
moon

[mu:n]

英検 5 級

② 北極星 (ふつう the をつける)

ポゥるスター
polestar

[póulsta:r]

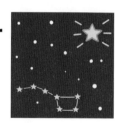

③ 地球（ふつう the をつける）

ア～す
earth

[əːrθ]

英検 4 級

④ 水星

マ～キュリィ
Mercury

[mə́ːrkjuri]

⑤ 金星

ヴィーナス
Venus

[víːnəs]

⑥ 火星

マーズ
Mars

[mɑːrz]

⑦ 木星

ヂューピタァ
Jupiter

[dʒúːpətər]

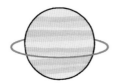

⑧ 土星

サタン
Saturn

[sǽtərn]

⑨ 天王星

ユ(ア)ラナス
Uranus

[jú(ə)r(ə)nəs]

⑩ 海王星

ネプトゥーン
Neptune

[néptuːn]

097

花 〜あの花を英語で何と言うの？〜

ふきだしの中の赤い単語を，以下の①〜㉔の単語に言いかえてみよう。

（フ）ワット ドゥ ユー　コーる ザット　ふらウア　イン イングリッシ
What do you call that flower in English?
あの花を英語で何と言うの？

イッツ パンズィ
It's pansy.
パンジーよ。

会話表現をチェック！
（フ）ワット　ドゥ　ユー　コーる　　イン イングリッシ
What do you call 〜 in English?「〜を英語で何と呼びますか？」

① 三色スミレ, パンジー

パンズィ
pansy

[pǽnzi]

② 桜の花

チェリィ **ブら(ー)サム**
cherry blossom

[tʃéri blɑ̀(:)s(ə)m]

③ モモの花

ピーチ **ブら(ー)サム**
peach blossom

[píːtʃ blɑ̀(:)s(ə)m]

④ スイートピー

スウィート **ピー**
sweet pea

[swíːt piː]

⑤ チューリップ

トゥーりップ
tulip

[túːləp]

英検 4 級

⑥ タンポポ

ダンディらイオン
dandelion

[dǽnd(ə)laiən]

⑦ カーネーション

カーネイション
carnation

[kɑːrnéiʃ(ə)n]

⑧ スミレ

ヴァイオれット
violet

[váiələt]

英検 3 級

⑨ あじさい

ハイドゥレインヂァ
hydrangea

[haidréindʒə]

⑩ アサガオ

モーニング　グろーリィ
morning glory

[mɔ́ːrniŋ glɔ̀ːri]

⑪ ヒマワリ

サンふらウア
sunflower

[sʌ́nflàuər]

⑫ ハイビスカス

ハイビスカス
hibiscus

[haibískəs]

⑬ バラ

ロウズ
rose

[rouz]

英検 5 級

⑭ ツツジ

アゼイりア
azalea

[əzéiliə]

⑮ ヒヤシンス

ハイアスィンす
hyacinth

[háiəsinθ]

⑯ フリージア

ふリージャ
freesia

[fríːʒə]

⑰ ダリヤ

ダりャ
dahlia

[dǽljə]

⑱ ユリ

りりィ
lily

[líli]

⑲ コスモス

カ(ー)ズモス
cosmos

[ká(:)zməs]

⑳ ガーベラ

ガーベラ
gerbera

[gə́ːrbərə]

㉑ ひなぎく

デイズィ
daisy

[déizi]

㉒ ラン

オーキッド
orchid

[ɔ́ːrkəd]

㉓ ツバキ

カミーりア
camellia

[kəmíːliə]

㉔ ラッパスイセン

ダふォディる
daffodil

[dǽfədil]

木

カエデ，モミジ

メイプる
maple

[méipl]

松

パイン
pine

[pain]

西洋すもも

せいよう

プらム
plum

[plʌm]

ヒマラヤスギ

スィーダァ
cedar

[síːdər]

ヤシ

パー(る)ム
palm

[pɑː(l)m]

桜の木

さくら

チェリィ　　トゥリー
cherry tree

[tʃéri triː]

210

イチョウ

ギンコウ
ginkgo

[gíŋkou]

カシ

オウク
oak

[ouk]

梅
うめ

ヂャパニーズ
Japanese
エイプリカ（ー）ット
apricot

[dʒǽpəníːz éiprikɑ(ː)t]

シラカバ

（フ）ワイト　バ～チ
white birch

[(h)wáit bəːrtʃ]

モミの木

ふァ～トゥリー
fir tree

[fə́ːr triː]

ヤナギ

ウィロウ
willow

[wílou]

竹

バンブー
bamboo

[bæmbúː]

サボテン

キャクタス
cactus

[kǽktəs]

ペット 〜ペットを飼っている？〜

🔊 099

ふきだしの中の赤い単語を，以下の①〜⑩の単語に言いかえてみよう。

ドゥ ユー ハヴ エニイ ペッツ
Do you have any pets?

きみはペットを飼ってる？

イェス アイハヴ ア ド(ー)グ
Yes. I have a dog.

うん。イヌを飼ってるよ。

会話表現をチェック！

ドゥ ユー ハヴ
Do you have 〜?「〜を飼っていますか？」
ハヴ
have には「飼う」という意味もあります。

ひき   トゥー   ド(ー)グズ
メモ   2匹以上のときは，two dogs のように s をつけます。

---

① イヌ

ド(ー)グ
dog

[dɔ(:)g]

英検5級

② ネコ

キャット
cat

[kæt]

英検5級

③ オウム

パロット
parrot

[pǽrət]

④ カナリヤ

カネ(ア)リィ
canary

[kəné(ə)ri]

⑤ ウサギ

ラビット
rabbit

[rǽbət]

英検 **5** 級

⑥ 熱帯魚

トゥラ(ー) ピカル　ふィッシ
tropical fish

[trá(:)pik(ə)l fiʃ]

⑦ 金魚

ゴウるどふィッシ
goldfish

[góuldfiʃ] ※2匹以上
のときも
ゴウるどふィッシ
goldfish

英検 **3** 級

⑧ ハムスター

ハムスタァ
hamster

[hǽmstər]

⑨ リス

スクワ〜れる
squirrel

[skwə́:r(ə)l]

⑩ ハト

ピヂョン
pigeon

[pídʒ(ə)n]

動物①（ほ乳類①）

100

動物園にいるいろいろなほ乳類を，それぞれ英語で何と言うか確認しよう。

① クマ

ベア
bear

[beər]

② ゾウ

エれふァント
elephant

[élif(ə)nt]

英検 5 級

③ ライオン

らイオン
lion

[láiən]

英検 5 級

④ トラ

タイガァ
tiger

[táigər]

英検 5 級

⑤ カバ

ヒポウ
hippo

[hípou]

※正式には
ヒポパ(ー)タマス
hippopotamus

⑥ サイ

ライノウ
rhino

[ráinou]

※正式には せいしき
ライナ(ー)セラス
rhinoceros

⑦ キリン

ヂラ ふ
giraffe

[dʒəræf]

⑧ カンガルー

キャンガルー
kangaroo

[kæ̀ŋgərúː]

英検 4 級

⑨ パンダ

パンダ
panda

[pǽndə]

英検 5 級

⑩ ゴリラ

ゴリら
gorilla

[gərílə]

動物② （ほ乳類②）

101

動物園にいるいろいろなほ乳類を，それぞれ英語で何と言うか確認しよう。

① コアラ

コウアーら

koala

[kouá:lə]

英検 5 級

② キツネ

ふァ(ー)ックス

fox

[fɑ(:)ks]

英検 4 級

③ イノシシ

ワイるド　ボーア
wild boar

[waild bɔ́ːr]

④ シカ

ディア
deer

[diər]

英検4級

※2頭以上
のときも
ディア
deer

⑤ サル

マンキィ
monkey

[mʌ́ŋki]

英検5級

⑥ 馬

ホース
horse

[hɔːrs]

英検5級

⑦ 牝牛

カウ
cow

[kau]

英検3級

⑧ ブタ

ピッグ
pig

[pig]

英検5級

⑨ ヒツジ

シープ
sheep

[ʃiːp]

英検4級

※2匹以上の
ときも
シープ
sheep

⑩ ヤギ

ゴウト
goat

[gout]

動物③（ほ乳類③）

102

動物園にいるいろいろなほ乳類を，それぞれ英語で何と言うか確認しよう。

① チーター

チータ
cheetah

[tʃíːtə]

② チンパンジー

チンパンズィー
chimpanzee

[tʃìmpænzíː]

③ らくだ

キャメる
camel

[kǽm(ə)l]

英検 **3** 級

④ シマウマ

ズィーブラ
zebra

[zíːbrə]

英検 **4** 級

⑤ オオカミ

ウるふ
wolf

[wulf]

※2匹以上のときは
ひき い じょう
ウるヴズ
wolves

⑥ トナカイ

レインディア
reindeer

[réindiər]

※2頭以上のときも
とう
レインディア
reindeer

⑦ ハツカネズミ

マウス
mouse

[maus]

英検 **5** 級

※2匹以上
のときは
マイス
mice

⑧ コウモリ

バット
bat

[bæt]

⑨ 雄牛
お うし

ア(ー)ックス
ox

[ɑ(ː)ks]

※2頭以上のときは
ア(ー)ックスン
oxen

⑩ モグラ

モウる
mole

[moul]

動物④（は虫類，両生類）

103

動物園にいるいろいろなは虫類や両生類を，それぞれ英語で何と言うか確認しよう。

---

① カエル

ふ**ラ**(ー)ッグ
frog

[frɑ(:)g]

英検 **3** 級

② ウミガメ

タ～トゥる
turtle

[tə́ːrtl]

英検 **3** 級

③ カメ, 陸ガメ

トータス
tortoise

[tɔ́:rtəs]

④ ヘビ

スネイク
snake

[sneik]

⑤ トカゲ

りザァド
lizard

[lízərd]

⑥ カメレオン

カミーりオン
chameleon

[kəmí:liən]

⑦ イモリ

ニュート
newt

[njú:t]

⑧ ヤモリ

ゲコウ
gecko

[gékou]

⑨ ワニ

アりゲイタァ
alligator

[ǽligeitər]

クラ(ー)コダイる
※ crocodile
も「ワニ」

⑩ イグアナ

イグワーナ
iguana

[igwá:nə]

鳥① ～どんな鳥が見える？～

104

ふきだしの中の赤い単語を，以下の①～⑦の単語に言いかえてみよう。

※①，④は a が an になります。

（フ）ワット バ（～）ド ドゥ ユー スィー
What bird do you see?
どんな鳥が見える？

アイ スィー アン アゥる
I see an owl.
ふくろうが見えます。

ザット バ～ド イズ ア ホーク
That bird is a hawk!
あの鳥はタカだ！

メモ　a, an は「1つの」という意味です。

「ア，イ，ウ，エ，オ」ではじまる単語の前には an がつきます。

鳥

バ～ド
bird

[bə:*r*d]

① フクロウ

アウる
owl

[aul]

② スズメ

スパロウ
sparrow

[spǽrou]

③ タカ

ホーク
hawk

[hɔ:k]

④ ワシ

イーグる
eagle

[í:gl]

⑤ カラス

クロウ
crow

[krou]

⑥ 白鳥 （はくちょう）

スワ(ー)ン
swan

[swɑ(:)n]

⑦ ツバメ

スワ(ー)ろウ
swallow

[swɑ́(:)lou]

105

鳥② ～ひよこは<ruby>何羽<rt>なんわ</rt></ruby>いるの？～

ふきだしの中の赤い<ruby>単語<rt>たんご</rt></ruby>を，<ruby>以下<rt>いか</rt></ruby>の①〜⑩の単語に<ruby>言<rt>い</rt></ruby>いかえてみよう。

※言いかえるときは，◆の語を使おう。

ハウ　メニィ　チックス　キャン　ユー　スィー　ア(ー)ンざ　グラウンド
How many chicks can you see on the ground?

<ruby>地面<rt>じめん</rt></ruby>の上に何羽のひよこが見える？

ふォー
Four.
ぜイ　アー　スリーピング
They are sleeping.

４羽だよ。<ruby>寝<rt>ね</rt></ruby>ているね。

会話表現をチェック！

数を聞きたいときは，**How many 〜?**
<small>ハウ　メニィ</small>

---

① ひよこ

チック
chick

[tʃík]

◆ chicks
<small>チックス</small>

② <ruby>七面鳥<rt>しちめんちょう</rt></ruby>

タ〜キィ
turkey

[tə́ːrki]

◆ turkeys
<small>タ〜キィズ</small>

③ クジャク

ピーカ(ー)ック
peacock

[píːkɑ(ː)k]

◆ ピーカ(ー)ックス
peacocks

④ ダチョウ

ア(ー)ストゥリッチ
ostrich

[á(ː)stritʃ]

◆ ア(ー)ストゥリッチズ
ostriches

⑤ ガチョウ

グース
goose

[guːs]

◆ ギース
geese

⑥ ペリカン

ペリカン
pelican

[pélik(ə)n]

◆ ペリカンズ
pelicans

⑦ ペンギン

ペングウィン
penguin

[péŋgwin]
◆ ペングウィンズ
penguins

英検 5 級

⑧ おんどり

ルースタァ
rooster

[rúːstər]
◆ ルースタァズ
roosters

※めんどりは ヘン
hen

⑨ アヒル，カモ

ダック
duck

[dʌk]
◆ ダックス
ducks

英検 4 級

⑩ ツル

クレイン
crane

[krein]
◆ クレインズ
cranes

英検 3 級

虫① ～木の上にいる虫は何？～

ふきだしの中の赤い単語を，以下の①～⑩の単語に言いかえてみよう。

（フ）ワッツ　ザット　ア（ー）ンざ　トゥリー
What's that on the tree?

木にいるあれは何？

イット イズア ビートゥる
It is a beetle.

カブトムシだよ。

会話表現をチェック！

（フ）ワッツ　ザット
What's that ～?

「～あれは何ですか？」

メモ　ア（ー）ン
on は「～に，～の上に」の意味です。
よく似た使い方をする語に，イン「～の中に」→ in the box「箱の中に」，
アンダァ under「～の下に」→ under the desk「机の下に」などがあります。

---

① カブトムシ

ビートゥる
beetle

[biːtl]

② ガ

モ（ー）す
moth

[mɔ(ː)θ]

③ カタツムリ

スネイる
snail

[sneil]

④ クモ

スパイダァ
spider

[spáidər]

英検 **3** 級

⑤ クワガタ

スタグ　　ビートゥる
stag beetle

[stǽg biːtl]

⑥ セミ

スィケイダ
cicada

[sikéidə]

⑦ ミノムシ

バッグワ～ム
bagworm

[bǽgwəːrm]

⑧ テントウムシ

れイディバグ
ladybug

[léidibʌg]

⑨ チョウ

バタふらイ
butterfly

[bʌ́tərflai]

英検 **3** 級

⑩ トンボ

ドゥラゴンふらイ
dragonfly

[drǽg(ə)nflai]

虫② 〜何本の足があるの？〜

ふきだしの中の赤い単語を，以下の①〜⑩の単語に言いかえてみよう。

※言いかえるときは，◆の語を使おう。

ハウ メニィ れッグズ ドゥ ビーズ ハヴ
How many legs do bees have?

はちは何本の足があるの？

ゼイ ハヴ スィックス
They have six.
6本だよ。

メモ haveは「持っている」の意味です。

① ミツバチ

ビー
bee

[biː]

ビーズ
◆ bees

② アリ

アント
ant

[ænt]

アンツ
◆ ants

英検 3 級

③ カマキリ

マンティス
mantis

[mǽntəs]

マンティスィズ
◆ mantises

④ こおろぎ

クリケット
cricket

[kríkət]

クリケッツ
◆ crickets

⑤ カ

モスキートウ
mosquito

[məskí:tou]

モスキートウズ
◆ mosquitos

⑥ ハエ

ふらイ
fly

[flai]

ふらイズ
◆ flies

⑦ バッタ

グラスハ(ー)パァ
grasshopper

[grǽshà(:)pər]

グラスハ(ー)パァズ
◆ grasshoppers

⑧ ホタル

ふァイアふらイ
firefly

[fáiərflai]

ふァイアふらイズ
◆ fireflies

英検 3 級

⑨ ミミズ，毛虫

ワ~ム
worm

[wə:rm]

ワ~ムズ
◆ worms

⑩ 毛虫，イモムシ

キャタピらァ
caterpillar

[kǽtərpilər]

キャタピらァズ
◆ caterpillars

水中の生物 ～水族館で何が見たい？～

ふきだしの中の赤い単語を，以下の①〜㉕の単語に言いかえてみよう。

※⑬，⑱，㉒は a が an になります。

れッツ　ゴウ　トゥ　ずィ　アクウェ(ア) リアム
Let's go to the aquarium.
(フ)ワット　ドゥ　ユー　ワ(ー)ント　トゥ　スィー
What do you want to see?

水族館に行こうよ。
何が見たい？

アイ　ワ(ー)ント　トゥ　スィー　ア　スィー　アタァ
I want to see a sea otter.

ラッコが見たいわ。

会話表現をチェック！

アイ　ワ(ー)ント　トゥ
I want to 〜.「わたしは〜したいです」

魚

ふィッシ
fish

[fiʃ]

英検 **5** 級

① ラッコ

スィー　　アタァ
sea otter

[síː à(ː)tər]

---

② クジラ

(フ)**ウェイ**る
whale

[(h)weil]

③ サメ，フカ

シャーク
shark

[ʃɑːrk]

④ アザラシ，アシカ

スィーる
seal

[siːl]

⑤ イルカ

ダ(ー)るふィン
dolphin

[dá(ː)lfin]

⑥ マグロ

トゥーナ
tuna

[túːnə]

⑦ サケ

サモン
salmon

[sǽmən]

⑧ イワシ

サーディーン
sardine

[sàːrdíːn]

⑨ サバ

マッカレる
mackerel

[mǽkərəl]

231

⑩ カツオ

バニートウ
bonito

[bəníːtou]

⑪ エイ

レイ
ray

[rei]

⑫ カニ

クラブ
crab

[kræb]

⑬ カキ

オイスタァ
oyster

[ɔ́istər]

⑭ ホタテ

スキャらップ
scallop

[skǽləp]

⑮ ハマグリ

クらム
clam

[klæm]

⑯ ヒトデ

スターふぃッシ
starfish

[stáːrfiʃ]

⑰ クラゲ

ヂェりふぃッシ
jellyfish

[dʒélifiʃ]

⑱ タコ

ア(ー)クトパス
octopus

[á(:)ktəpəs]

⑲ イカ

スクウィッド
squid

[skwid]

⑳ タツノオトシゴ

スィー　　　ホース
sea horse

[síː hɔːrs]

㉑ コイ

カープ
carp

[kɑːrp]

㉒ ウナギ

イーる
eel

[iːl]

㉓ イソギンチャク

スィー　　　アネマニ
sea anemone

[síː ənèməni]

㉔ メダカ

ライスふィッシ
rice-fish

[ráisfiʃ]

㉕ ナマズ

キャットふィッシ
catfish

[kǽtfiʃ]

233

学校の行事 ～遠足はいつあるの？～

109

ふきだしの中の赤い単語を，以下の①〜⑩の単語に言いかえてみよう。

(フ)ウェン ドゥ ユー ハヴ ア ふィーるド トゥリップ
When do you have a field trip?

遠足はいつあるの？

イン ア(ー)クトウバァ
In October.

10 月だよ。

会話表現を チェック！

(フ)ウェン ドゥ ユー ハヴ
When do you have 〜? 「〜はいつありますか？」

メモ　have には「〜がある」の意味があります。

① 入学式

エントゥランス
entrance
セレモウニィ
ceremony

[éntr(ə)ns sèrəmouni]

② 卒業式

グラヂュエイション
graduation
セレモウニィ
ceremony

[grædʒuéiʃ(ə)n sèrəmouni]

③ 遠足，野外見学
や がいけんがく

ふぃーるド　トゥリップ

field trip

[fíːld trip]

④ 修学旅行
しゅうがくりょこう

スクーる

school
トゥリップ
trip

[skúːl trip]

⑤ 夏休み

サマァ

summer
ヴェイケイション
vacation

[sʌ́mər veikèiʃ(ə)n]

⑥ 冬休み

ウィンタァ

winter
ヴェイケイション
vacation

[wíntər veikèiʃ(ə)n]

⑦ 春休み

スプリング

spring
ヴェイケイション
vacation

[spríŋ veikèiʃ(ə)n]

⑧ 運動会の日
うんどうかい

スポーツ

sports
デイ
day

[spɔ́ːrts dei]

⑨ 合唱コンクール
がっしょう

コーラス

chorus
カ(ー)ンテスト
contest

[kɔ́ːrəs kà(ː)ntest]

⑩ 学園祭，文化祭
がくえんさい　ぶん か さい

スクーる

school
ふェスティヴぁる
festival

[skúːl fèstiv(ə)l]

235

日本や海外の行事

〜母の日はいつ？〜

ふきだしの中の赤い単語を，以下の①〜⑩の単語に言いかえてみよう。

(フ)ウェン イズ マざァズ デイ
When is Mother's Day?

母の日はいつ？

イッツ イン メイ
It's in May.

5月にあるよ。

会話表現をチェック！

(フ)ウェン イズ
When is 〜?「〜はいつですか？」

メモ 月の名前の前には in をつけて答えます。

---

① 母の日

マざァズ
Mother's
デイ
Day

[mʌ́ðərz dei]
※5月の第2日曜日

② 父の日

ふァーざァズ
Father's
デイ
Day

[fáːðərz dei]
※6月の第3日曜日

③ 元日
(がんじつ)

ヌー　イアズ
New Year's
デイ
Day

[nú: jiə*r*z dei]

④ 節分，豆まき
(せつぶん)(まめ)

ビーン　すロウイング
Bean-throwing
デイ
Day

[bíːn θròuiŋ dei]

※ throwは「投げる」の意味
(すロウ)(い み)

⑤ バレンタイン

ヴァれンタインズ
Valentine's
デイ
Day

[vǽləntainz dei]

⑥ ひな祭り
(まつ)

ダ(ー)るズ
Doll's
ふェスティヴァる
Festival

[dá(ː)lz fèstiv(ə)l]

※ Girls' Festival とも言う
(ガ～るズ)(ふェスティヴァる)

⑦ イースター（復活祭）
(ふっかつさい)

イースタァ
Easter

[íːstər]

※キリストの復活を
　祝う祭り
(いわ)

⑧ 子どもの日

チるドゥレンズ
Children's
デイ
Day

[tʃíldr(ə)nz dei]

⑨ ハロウィーン

ハろウイーン
Halloween

[hæ̀louíːn]

英検 4 級

⑩ クリスマス

クリスマス
Christmas

[krísməs]

英検 5 級

季節のあいさつ①
～新年，バレンタイン，卒業～

ハピィ　　　ヌー　　イア
Happy New Year!

新年おめでとう！

ハピィ　　　　ヴァれンタインズ　　デイ
Happy Valentine's Day!

バレンタインおめでとう！

コングラチュれイションズ　　　　ア(ー)ン
Congratulations on
ユア　　　　グラヂュエイション
your graduation!

卒業おめでとう！

会話表現を チェック！

コングラチュれイションズ　　　ア(ー)ン
Congratulations on ～! 「～おめでとう！」

季節のあいさつ②
～ハロウィーン，クリスマス，誕生日～

112

ハピィ　　　ハロウイーン
Happy Halloween!

ハロウィーンおめでとう！

メリィ　　クリスマス
Merry Christmas!

メリークリスマス！

ハピィ　　　バ～すデイ　　トゥ ユー
Happy birthday to you!

お誕生日おめでとう！

239

23 スポーツ

スポーツ 〜あなたは野球をしますか？〜

ふきだしの中の赤い単語を，以下の①〜⑭の単語に言いかえてみよう。

ドゥ ユー プれイ ベイスボーる
Do you play baseball?

きみは野球をするの？

イェス アイドゥ
Yes, I do.
アイプれイ イットエヴリィ デイ
I play it every day.

うん，するよ。
毎日するよ。

会話表現をチェック！

スポーツをするかたずねたいときは，
ドゥ ユー プれイ
Do you play 〜? と聞きます。

メモ 「毎日」は every day と言います。

---

① 野球

ベイスボーる
baseball

[béisbɔːl]

英検 5 級

② バスケットボール

バスケットボーる
basketball

[bǽskətbɔːl]

英検 5 級

③ ドッジボール

ダ(ー)ッヂ ボーる
dodge ball

[dá(:)dʒ bɔːl]

ダ(ー)ッヂボーる
※ dodgeball と
1語でもよい

④ ソフトボール

ソ(ー)ふトボーる
softball

[sɔ́(:)ftbɔːl]

英検 3 級

⑤ ラグビー

ラグビィ
rugby

[rʌ́gbi]

⑥ 卓球

たっきゅう

テイブる テニス
table tennis

[téibl tènis]

英検 4 級

⑦ テニス

テニス
tennis

[ténis]

英検 5 級

⑧ バレーボール

ヴァ(ー)りボーる
volleyball

[vá(:)libɔːl]

英検 5 級

⑨ ハンドボール

ハン(ド)ボーる
handball

[hǽn(d)bɔːl]

⑩ ゴルフ

ゴーるふ
golf

[gɔ́:lf]

英検 4 級

⑪ バドミントン

バドミントゥン
badminton

[bǽdmint(ə)n]

 英検 5 級

⑫ キックベース（ボール）

キックボーる
kickball

[kíkbɔːl]

⑬ サッカー

サ(ー)カァ
soccer

[sá(:)kər]

 英検 5 級

⑭ アメリカンフットボール

ふットボーる
football

[fútbɔːl]

 英検 5 級

---

football はどんなスポーツ？

football は，アメリカではアメリカンフットボール，イギリスではサッカーのことをさすよ。区別するために，アメリカのフットボールのことを American football と言うこともあるよ。

ふットボーる
football《アメリカ》

ふットボーる
football《イギリス》

※アメリカでは soccer と言う。

走る

ラン
run

[rʌn]

英検 5 級

泳ぐ
およ

スウィム
swim

[swim]

英検 5 級

波乗りをする
なみ の

サ〜ふ
surf

[sə:rf]

英検 3 級

おどる

ダンス
dance

[dæns]

英検 5 級

スケートをする

スケイト
skate

[skeit]

英検 5 級

スキーをする

スキー
ski

[ski:]

英検 5 級

スケートボードをする

スケイトボード
skateboard

[skéitbɔ:rd]

英検 3 級

スノーボードをする

スノウボード
snowboard

[snóubɔ:rd]

英検 3 級

オリンピック 〜オリンピックがあるよ〜

ふきだしの中の赤い単語を，以下の①〜⑱の単語に言いかえてみよう。

ウィー ハヴ ずィ オリンピック ゲイムズ スーン
We have the Olympic Games soon.

もうすぐオリンピックがあるよ。

アイ らイク トゥラック アン フィーるド
I like track and field.

わたしは陸上競技が好きよ。

会話表現をチェック！

ウィー ハヴ
We have 〜. 「〜があります」

---

① 陸上競技

トゥラック アン フィーるド
track and field

[træk ən fíːld]

② マラソン

マラさ(ー)ン
marathon

[mǽrəθɑ(ː)n]

英検 **3** 級

244

③ 体操
<ruby>体操<rt>たいそう</rt></ruby>

ヂムナスティックス
gymnastics

[dʒimnǽstiks]

④ 新体操
④ 新体操

リずミック
rhythmic
ヂムナスティックス
gymnastics

[riðmik dʒimnǽstiks]

⑤ 水泳
<ruby>水泳<rt>すいえい</rt></ruby>

スウィミング
swimming

[swímiŋ]

⑥ シンクロナイズドスイミング

スィンクロナイズドゥ
synchronized
スウィミング
swimming

[sìŋkrənaizd swímiŋ]

⑦ レスリング

レスリング
wrestling

[résliŋ]

英検 4 級

⑧ フェンシング

ふェンスィング
fencing

[fénsiŋ]

⑨ ボクシング

バ(一)クスィング
boxing

[bá(:)ksiŋ]

⑩ サイクリング

サイクリング
cycling

[sáikliŋ]

英検 3 級

⑪ フィギュアスケート

ふィギャ
figure
スケイティング
skating

[fígjər skèitiŋ]

⑫ スピードスケート

スピード
speed
スケイティング
skating

[spíːd skèitiŋ]

⑬ アイスホッケー

アイス　ハ(ー)キィ
ice hockey

[áis hà(ː)ki]

⑭ カーリング

カ〜りング
curling

[kə́ːrliŋ]

⑮ スキージャンプ

スキー
ski
ヂャンピング
jumping

[skíː dʒʌ̀mpiŋ]

⑯ モーグル

モゥグるズ
moguls

[móugəlz]

※ mogul skiing
モゥグる　スキーイング
とも言う

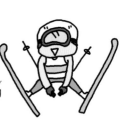

⑰ クロスカントリースキー

クロ(ー)ス　　カントゥリィ
cross-country
スキーイング
skiing

[krɔ̀(ː)skʌ̀ntri skíːiŋ]

⑱ スノーボード

スノウボーディング
snowboarding

[snóubɔ̀ːrdiŋ]

246

野球
やきゅう

115

グローブ

グラヴ
glove

[glʌv]

英検 3 級

ボール

ボーる
ball

[bɔːl]

英検 5 級

バット

バット
bat

[bæt]

投手
とうしゅ

ピッチャ
pitcher

[pítʃər]

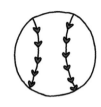

打者
だしゃ

バタァ
batter

[bǽtər]

野球帽
ぼう

ベイスボーる　　　キャップ
baseball cap

[béisbɔːl kæp]

サッカー

サッカーボール

サ(一)カァ　ボーる
soccer ball

[sá(:)kər bɔ:l]

ゴールキーパー

ゴウるキーパァ
goalkeeper

[góulki:pər]

(ボールの)パス

パス
pass

[pæs]

英検 4 級

シュートする

シュート
shoot

[ʃu:t]

英検 3 級

ドリブル

ドゥリブる
dribble

[dríbl]

ハーフタイム

ハふ　タイム
half time

[hæf taim]

テニス

ラケット

ラケット
racket

[rǽkət]

英検 5 級

テニスボール

テニス　　ボーる
tennis ball

[ténis bɔːl]

ネット

ネット
net

[net]

英検 4 級

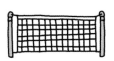

（テニスの）コート

コート
court

[kɔːrt]

英検 3 級

サーブ

サ〜ヴ
serve

[səːrv]

英検 3 級

（テニスの）アドバンテージ

アドヴァンテッヂ
advantage

[ədvǽntidʒ]

24 遊び，レジャー，趣味

趣味 ～趣味は何？～

🔊 118

ふきだしの中の赤い単語を，以下の①～⑩の単語に言いかえてみよう。

（フ）ワット イズ ユア　ハ（ー）ビィ
What is your hobby?

あなたの趣味は何？

マイ　ハ（ー）ビィ イズ
My hobby is
バ～ド　ワ（ー）チング
bird watching.

ぼくの趣味は
バードウォッチングです。

会話表現をチェック！

マイ　ハ（ー）ビィ　イズ
My hobby is ～. 「わたしの趣味は～です」

---

① バードウオッチング

バ～ド
bird
ワ（ー）チング
watching

[bə́:rd wà(:)tʃiŋ]

② 音楽鑑賞

りスニング
listening
トゥ　ミューズィック
to music

[lìs(ə)niŋ tu mjú:zik]

③ 星の観察
かんさつ

スターゲイズィング
stargazing

[stáːrgèiziŋ]

④ 園芸
えんげい

ガードゥニング
gardening

[gáːrdniŋ]

⑤ 編み物
あ　もの

ニティング
knitting

[nítiŋ]

⑥ 絵画
かい が

ペインティング
painting

[péintiŋ]

英検 4 級

⑦ 料理
りょう り

クッキング
cooking

[kúkiŋ]

英検 5 級

⑧ 旅行
りょこう

トゥラヴ(ェ)リング
traveling

[trǽv(ə)liŋ]

⑨ 映画鑑賞
えい が

ワ(ー)ッチング
watching
ムーヴィズ
movies

[wà(ː)tʃiŋ múːviz]

⑩ 手品
て じな

マヂック
magic

[mǽdʒik]

英検 3 級

娯楽施設 ～いっしょに行かない？～

ふきだしの中の赤い単語を，以下の①〜⑩の単語に言いかえてみよう。

(フ)ワイ ドウント ウィーゴウ トゥ ざ ズー
Why don't we go to the zoo?

動物園に行かない？

アイド らヴ トゥ
I'd love to.

ぜひ行きたいわ。

会話表現をチェック！

(フ)ワイ ドウント ウィー
Why don't we ～? 「（いっしょに）〜しませんか？」

アイド らヴ トゥ
I'd love to. 「ぜひしたいです」

メモ **(フ)ワイ ドウント ユー**
Why don't you ～? は，相手に「〜してはどうですか？」とすすめる表現です。

---

① 動物園

ズー
zoo

[zu:]

英検 **5** 級

② 映画

ムーヴィ
movie

[mú:vi]

※「映画を見に行く」は
ゴウ トゥ ざ ムーヴィズ
go to the movies と言う

英検 **5** 級

③ 祭り

ふェスティヴァる
festival

[féstiv(ə)l]

英検 4 級

④ 海 (ふつう the をつける)

スィー
sea

[si:]

英検 5 級

⑤ コンサート

カ(ー)ンサト
concert

[ká(:)nsərt]

英検 5 級

⑥ サーカス

サ〜カス
circus

[sə́:rkəs]

⑦ 博物館，美術館

ミュ(ー)**ズィ**(ー)アム
museum

[mju(:)zí(:)əm]

※「美術館」は
アート ミュ(ー)**ズィ**(ー)アム
art museum とも言う

英検 5 級

⑧ 植物園

ボタニカる
botanical
ガードゥン
garden

[bətǽnik(ə)l gá:rd(ə)n]

⑨ ゲームセンター

ゲイム
game
アーケイド
arcade

[géim ɑ:rkèid]

⑩ 競技場

ステイディアム
stadium

[stéidiəm]

英検 4 級

253

公園

120

公園にある遊具や公園での遊びをそれぞれ英語で何と言うか確認しよう。

公園

パーク
park

[pɑːrk]

英検 5 級

① シーソー

スィーソー
seesaw

[síːsɔː]

254

② ジャングルジム

ヂャングる　ヂム
jungle gym

[dʒʌ́ŋɡl dʒim]

③ 砂場（すなば）

サン(ド)バ(ー)ックス
sandbox

[sǽn(d)bɑ(:)ks]

④ 一輪車（いちりんしゃ）

ユーニサイクる
unicycle

[júːnisàikl]

⑤ 凧（たこ）

カイト
kite

[kait]

英検 3 級

⑥ すべり台ですべる

プれイ　ア(ー)ン　ア　スらイド
play on a slide

[plei ɑ(:)n ə slaid]

⑦ なわとびをする

ヂャンプ　ロウプ
jump rope

[dʒʌ̀mp róup]

⑧ ローラースケートをする

ロウらァ　スケイト
roller-skate

[róulərskèit]

⑨ スケートボードをする

スケイトボード
skateboard

[skéitbɔːrd]

英検 3 級

室内の遊び ～何をして遊びたい？～

ふきだしの中の赤い単語を，以下の①～⑩の単語に言いかえてみよう。

（フ）**ワット** **ドゥ** **ユー** **ワ(ー)ントトゥ** **プれイ**
What do you want to play?

何をして遊びたい？

ヨウ　ヨウ
Yo-yo!

ヨーヨー！

オーるライト
All right.

いいよ。

---

① ヨーヨー

ヨウ　ヨウ
yo-yo

[jóujou]

② テレビゲーム

ヴィディオウ
video
ゲイム
game

[vídiou geim]

256

③ トランプ

カーズ
cards

[kɑ:*rd*z]

英検 5 級

④ こま

タ(ー)ップ
top

[tɑ(:)p]

⑤ ジグソーパズル

ヂグソー
jigsaw
パズる
puzzle

[dʒígsɔ: pʌzl]

⑥ <ruby>宝<rt>たから</rt></ruby>さがし

トゥレジャ
treasure
ハント
hunt

[tréʒə*r* hʌnt]

⑦ いすとりゲーム

ミューズィカる
musical
チェアズ
chairs

[mjùːzik(ə)l tʃéə*r*z]

⑧ <ruby>人形<rt>にんぎょう</rt></ruby>

ダ(ー)る
doll

[dɑ(:)l]

英検 5 級

⑨ クロスワードパズル

クロ(ー)スワ〜ド
crossword
パズる
puzzle

[krɔ́(:)swəː*r*d pʌzl]

英検 4 級

⑩ <ruby>積<rt>つ</rt></ruby>み木

ブら(ー)ックス
blocks

[blɑ(:)ks]

遊園地 <ruby>遊<rt>ゆう</rt></ruby><ruby>園<rt>えん</rt></ruby><ruby>地<rt>ち</rt></ruby> ～ジェットコースターに行きたい～

122

ふきだしの中の赤い<ruby>単語<rt>たんご</rt></ruby>を，<ruby>以下<rt>いか</rt></ruby>の①～⑨の単語に言いかえてみよう。

（フ）ウェア　ドゥ　ユー　ワ（ー）ントトゥ ゴウ
Where do you want to go?

どこに行きたい？

アイワ（ー）ント トゥ ゴウ トゥ
I want to go to
ざ　　ロウらァ　　コウスタァ
the roller coaster.

ジェットコースターに
行きたいわ。

会話表現をチェック！

どこに行きたいかたずねるときは，**Where do you want to go?**
（フ）ウェア　ドゥ　ユー　ワ（ー）ント トゥ ゴウ
行きたいところを答えるときは，**I want to go to** ～.
アイ ワ（ー）ント トゥ ゴウ トゥ

遊園地

アミューズメント　　　　パーク
amusement park

[əmjúːzmənt paːrk]

英検**3**級

① ジェットコースター

ロウらァ　　　　コウスタァ
roller coaster

[róulər kòustər]

② おばけやしき

ホーンテッド　ハウス
haunted house

[hɔ́:ntid haus]

③ パレード

パレイド
parade

[pəréid]

英検 **4** 級

④ ゴーカート

ゴウカート
go-cart

[góukɑ:rt]

⑤ メリーゴーランド

メリィゴウラウンド
merry-go-round

[mérigouràund]

キャラウセル
※ carousel とも言う

⑥ 大観覧車（だいかんらんしゃ）

ふェリス　（フ）ウィーる
Ferris wheel

[féris (h)wi:l]

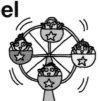

⑦ コーヒーカップ

ティーカップス
teacups

[tí:kʌps]

⑧ 子ども列車（れっしゃ）

チるドゥレンズ　トゥレイン
children's train

[tʃíldr(ə)nz trein]

⑨ 舞台（ぶたい）

ステイヂ
stage

[steidʒ]

英検 **3** 級

ビーチ

123

ビーチにあるものをそれぞれ英語で何と言うか確認しよう。

ビーチ

ビーチ
beach

[bíːtʃ]

英検3級

① ビーチパラソル

ビーチ　　アンブレら
beach umbrella

[bíːtʃ ʌmbrèlə]

② ビーチボール

ビーチ　　ボーる
beach ball

[bíːtʃ bɔːl]

③ 浮き輪

トゥーブ
tube

[tuːb]

④ サンゴ

コ(ー)ラる
coral

[kɔ́(ː)r(ə)l]

⑤ シュノーケル

スノーける
snorkel

[snɔ́ːrk(ə)l]

⑥ シャベル，スコップ

シャヴ(ェ)る
shovel

[ʃʌ́v(ə)l]

⑦ ゴーグル

ガーグるズ
goggles

[gá(ː)glz]

⑧ バケツ

ペイる
pail

[peil]

バケット
※bucket とも
　言う

⑨ 貝がら

スィーシェる
seashell

[síːʃel]

星占い
ほし　うらな

星占いの星座 12 種類を英語で何と言うか確認しよう。
せい ざ　　しゅるい　えい ご　　　　　　　　かくにん

---

124

① やぎ座

キャプリコーン
Capricorn

[kǽprikɔ̀ːrn]

② みずがめ座

アクウェアリアス
Aquarius

[əkwéəriəs]

③ うお座

パイスィーズ
Pisces

[páisi:z]

④ おひつじ座

エアリーズ
Aries

[éərì:z]

⑤ おうし座

トーラス
Taurus

[tɔ́:rəs]

⑥ ふたご座

ヂェミナイ
Gemini

[dʒéminài]

⑦ かに座

キャンサァ
Cancer

[kǽnsər]

⑧ しし座

リーオウ
Leo

[lí:ou]

⑨ おとめ座

ヴァ～ゴウ
Virgo

[və́:rgou]

⑩ てんびん座

リーブラ
Libra

[lí:brə]

⑪ さそり座

スコーピオウ
Scorpio

[skɔ́:rpiòu]

⑫ いて座

サヂテ(ア)リアス
Sagittarius

[sæ̀dʒité(ə)riəs]

日曜大工 ～お父さんのお手伝いをしよう～

ふきだしの中の赤い単語を，以下の①～⑩の単語に言いかえてみよう。

プリーズ　ブリング　ア　ハマァ
Please bring a hammer.

かなづちを持ってきて。

オウケイ　ヂャスト　ア　ミニット
OK. Just a minute.

わかったよ。少し待ってて。

会話表現をチェック！

プリーズ　　　ブリング
Please bring ～. 「～を持ってきてください」

ヂャスト　ア　ミニット
Just a minute. 「少し待って」

---

① かなづち, ハンマー

ハマァ
hammer

[hǽmər]

② のこぎり

ソー
saw

[sɔː]

③ ボルト，かんぬき

ボウるト
bolt

[boult]

④ とめねじ

ナット
nut

[nʌt]

英検 3 級

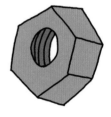

⑤ くぎ

ネイる
nail

[neil]

英検 3 級

⑥ ペンキブラシ

ペイント　　　ブラッシ
paint brush

[péint brʌʃ]

⑦ ねじ

スクルー
screw

[skru:]

⑧ ねじ回し

スクルー　　　ドゥライヴァ
screw driver

[skrú: dràivər]

⑨ ペンチ

プらイアズ
pliers

[pláiərz]

⑩ ドリル

ドゥりる
drill

[dril]

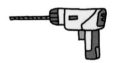

サーカス

空中ブランコ
くうちゅう

トゥラピーズ
trapeze

[træpíːz]

曲芸師，ジャグラー
きょくげい し

ヂャグらァ
juggler

[dʒʌ́glər]

道化師，ピエロ
どう け し

クらウン
clown

[klaun]

軽わざ師
かる

アクロバット
acrobat

[ǽkrəbæt]

つなわたり師

タイトロウプ　　　ウォーカー
tightrope walker

[táitroup wɔ́ːkər]

ライオンつかい

らイオン　トゥレイナァ
lion trainer

[láiən trèinər]

キャンプ場

キャンプ

キャンプ
camp

[kæmp]

英検 4 級

テント

テント
tent

[tent]

英検 4 級

ランタン

らンタン
lantern

[lǽntərn]

キャンピングカー，キャンプする人

キャンパァ
camper

[kǽmpər]

ねぶくろ

スりーピング　　バッグ
sleeping bag

[slí:piŋ bæg]

バーベキュー

バーベキュー
barbecue

[bá:rbikju:]

英検 4 級

音楽のジャンル 〜どんな音楽が好き？〜

128

ふきだしの中の赤い単語を，以下の①〜⑩の単語に言いかえてみよう。

(フ)ワット カインド オヴ ミューズィック ドゥ ユー らイク
What kind of music do you like?

きみはどんな音楽が好き？

アイらイク ラ(一)ック ミューズィック ざ ベスト
I like rock music the best.

わたしはロックがいちばん好きよ。

会話表現をチェック！

(フ)ワット カインド オヴ ドゥ ユー らイク
What kind of 〜 do you like?
「あなたはどんな(種類の)〜が好きですか？」

---

① ロック(音楽)

ラ(一)ック　　ミューズィック
rock music

[rá(:)k mjù:zik]

② クラシック(音楽)

くらスィカる　　　ミューズィック
classical music

[klǽsik(ə)l mjù:zik]

268

③ ポピュラー音楽

パ(ー)ップ　ミューズィック
pop music

[pá(:)p mjù:zik]

④ カントリー音楽

カントゥリィ　　　ミューズィック
country music

[kʌ́ntri mjù:zik]

⑤ ジャズ

ヂャズ
jazz

[dʒæz]

英検4級

⑥ ソウル音楽

ソウる　　　ミューズィック
soul music

[sóul mjù:zik]

⑦ ゴスペル音楽

ガ(ー)スぺる　　　ミューズィック
gospel music

[gá(:)sp(ə)l mjù:zik]

⑧ 民俗音楽
みんぞく

ふォウク　　ミューズィック
folk music

[fóuk mjù:zik]

⑨ レゲエ

レゲイ
reggae

[régei]

⑩ ヒップホップ

ヒップ　　ホップ
hip hop

[híp hɑp]

気持ち, 気分, 状態①

～どんな気持ち？～

ふきだしの中の赤い単語を, 以下の①～⑩の単語に言いかえてみよう。

129

ハウ　ドゥ　ユー　ふィーる　ナウ
How do you feel now?

今, どんな気持ち？

アイム ハピィ
I'm happy.

幸せよ。

会話表現をチェック!

ハウ　ドゥ　ユー　ふィーる
How do you feel?「どんな気持ちですか？」

---

① 幸福な

ハピィ
happy

[hǽpi]

---

② 悲しい

サッド
sad

[sæd]

③ とても元気で, すばらしい

ふァイン
fine

[fain]

英検 5 級

④ つかれた

タイアド
tired

[taiərd]

英検 4 級

⑤ 興奮した, わくわくしている

イクサイティッド
excited

[iksáitid]

英検 4 級

⑥ 心配している

ワ～リッド
worried

[wə́:rid]

英検 3 級

⑦ こわがって

アふレイド
afraid

[əfréid]

英検 3 級

⑧ 緊張している，心配な

ナ～ヴァス
nervous

[nə́:rvəs]

英検 3 級

⑨ おどろいた

サプライズド
surprised

[sərpráizd]

英検 3 級

⑩ おこった

アングリィ
angry

[ǽŋgri]

英検 3 級

気持ち，気分，状態②

～のどがかわいてる？～

ふきだしの中の赤い単語を，以下の①〜⑩の単語に言いかえてみよう。

アー　ユー　さ〜スティ
Are you thirsty?

きみはのどがかわいてる？

イェス アイアム
Yes, I am.

うん，かわいているよ。

会話表現をチェック！

相手の気持ち，気分，状態をたずねるときは **Are you 〜?**「〜ですか？」

---

① のどがかわいた

さ〜スティ
thirsty

[θə́ːrsti]

英検 3 級

② ねむい，ねむそうな

スりーピィ
sleepy

[slíːpi]

英検 4 級

272

③ 自由な，ひまな

ふリー
free

[fri:]

英検 4 級

④ たいくつした

ボード
bored

[bɔːrd]

⑤ いそがしい

ビズィ
busy

[bízi]

英検 5 級

⑥ 病気の，病気で

スィック
sick

[sik]

英検 4 級

⑦ いっぱいの，満腹で

ふる
full

[ful]

英検 4 級

⑧ 空腹の

ハングリィ
hungry

[hʌ́ŋgri]

英検 5 級

⑨ ショックを受けた

シャ(ー)ックト
shocked

[ʃɑ(ː)kt]

⑩ おびえた

スケアド
scared

[skeərd]

英検 3 級

親切な

カインド
kind

[kaind]

英検 5 級

友好的な
ゆうこうてき

ふレンドりィ
friendly

[fréndli]

英検 3 級

冷静な
れいせい

クーる
cool

[ku:l]

英検 4 級

正直な
しょうじき

ア(一)ネスト
honest

[á(:)nəst]

英検 3 級

静かな
しず

クワイエット
quiet

[kwáiət]

英検 4 級

注意深い
ちゅう い ぶか

ケアふる
careful

[kéərfəl]

英検 4 級

好奇心の強い

キュ(ア)リアス
curious

[kjú(ə)riəs]

ていねいな，礼儀正しい

ポらイト
polite

[pəláit]

英検 3 級

はずかしがりの

シャイ
shy

[ʃai]

英検 3 級

こっけいな，おかしい

ふァニイ
funny

[fʌ́ni] ※ humorous と
も言う

ヒューモラス

英検 4 級

りこうな，頭のよい

スマート
smart

[smɑːrt]

英検 3 級

元気のよい，陽気な

チアふる
cheerful

[tʃíərf(ə)l]

英検 3 級

まじめな，熱心な

ア〜ネスト
earnest

[ə́ːrnist]

りこうな

ブライト
bright

[brait]

英検 3 級

275

大きい，広い

らーヂ
large

[lɑːrdʒ]

英検 5 級

大きい

ビッグ
big

[big]

英検 5 級

小さい，せまい

スモーる
small

[smɔːl]

英検 5 級

おも
重い

ヘヴィ
heavy

[hévi]

英検 4 級

かる
軽い

らイト
light

[lait]

英検 5 級

くら
暗い

ダーク
dark

[dɑːrk]

英検 4 級

美^{うつく}しい

^{ビューティふる}
beautiful

[bjú:təf(ə)l]

英検 5 級

すばらしい

^{ワンダふる}
wonderful

[wʌ́ndərf(ə)l]

英検 5 級

きれいな，かわいらしい

^{プリティ}
pretty

[príti]

英検 5 級

新しい

^{ヌー}
new

[nu:]

英検 5 級

古い，年をとった

^{オウるド}
old

[ould]

英検 5 級

若^{わか}い

^{ヤング}
young

[jʌŋ]

英検 5 級

金持^もちの

^{リッチ}
rich

[ritʃ]

英検 4 級

貧^{まず}しい

^{プァ}
poor

[puər]

英検 4 級

高い

ハイ
high

[hai]

英検 5 級

低^{ひく}い

ろウ
low

[lou]

英検 5 級

よい，りっぱな

グッド
good

[gud]

英検 5 級

悪^{わる}い，いやな

バッド
bad

[bæd]

英検 5 級

（速度^{そくど}，動作^{どうさ}が）速^{はや}い

ふァスト
fast

[fæst]

英検 5 級

（速度^{そくど}，動作^{どうさ}が）おそい

スろウ
slow

[slou]

英検 4 級

（時刻^{じこく}，時期^{じき}が）早い

ア～りィ
early

[ə́:rli]

英検 5 級

（時刻^{じこく}，時期^{じき}が）おそい

れイト
late

[leit]

英検 5 級

強い

ストゥロ(ー)ング
strong

[strɔ(:)ŋ]

英検 4 級

弱い

ウィーク
weak

[wi:k]

英検 4 級

長い

ろ(ー)ング
long

[lɔ(:)ŋ]

英検 5 級

短い，背の低い

ショート
short

[ʃɔ:rt]

英検 5 級

高い，背の高い

トーる
tall

[tɔ:l]

英検 5 級

有名な

ふェイマス
famous

[féiməs]

英検 3 級

（はばが）広い

ワイド
wide

[waid]

英検 4 級

（はばが）せまい

ナロウ
narrow

[nǽrou]

英検 3 級

運のよい
うん

lucky
らキィ

[lʌ́ki]

英検 5 級

運の悪い
わる

unlucky
アンらキィ

[ʌnlʌ́ki]

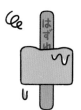

かわいた

dry
ドゥライ

[drai]

英検 4 級

ぬれた

wet
ウェット

[wet]

英検 3 級

無言の，音がしない
む ごん

silent
サイレント

[sáilənt]

英検 3 級

さわがしい

noisy
ノイズィ

[nɔ́izi]

英検 3 級

正しい

right
ライト

[rait]

英検 5 級

まちがった

wrong
ロ(ー)ング

[rɔ(ː)ŋ]

英検 4 級

きれいな，清潔_{せいけつ}な

クリーン
clean

[kliːn]

英検 5 級

きたない

ダ～ティ
dirty

[dɔ́ːrti]

英検 3 級

速_{はや}い，すばやい

クウィック
quick

[kwik]

英検 4 級

おそい，のろい

スロウ
slow

[slou]

英検 4 級

近い

ニア
near

[niər]

英検 5 級

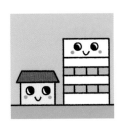

遠い

ふァー
far

[fɑːr]

英検 4 級

やせた，うすい

すィン
thin

[θin]

英検 3 級

太った

ふァット
fat

[fæt]

英検 3 級

安全な
あんぜん

safe
セイふ

[seif]

英検 4 級

危険な
きけん

dangerous
デインヂャラス

[déindʒ(ə)rəs]

英検 4 級

同じ

same
セイム

[seim]

英検 4 級

ちがった，異なる
こと

different
ディふ(ァ)レント

[díf(ə)r(ə)nt]

英検 4 級

かたい

hard
ハード

[hɑːrd]

英検 4 級

やわらかい

soft
ソ(ー)ふト

[sɔ(ː)ft]

英検 5 級

高価な
こうか

expensive
イクスペンスィヴ

[ikspénsiv]

英検 4 級

安い
やす

cheap
チープ

[tʃiːp]

英検 4 級

深い
<small>ふか</small>

ディープ
deep

[di:p]

英検 4 級

浅い
<small>あさ</small>

シャろウ
shallow

[ʃǽlou]

やさしい，簡単な
<small>かんたん</small>

イーズィ
easy

[í:zi]

英検 5 級

難しい
<small>むずか</small>

ディフィクるト
difficult

[dífik(ə)lt]

※ hard にも「難しい」
　の意味がある
<small>い み</small>

英検 4 級

つまらない，たいくつな

ボーリング
boring

[bɔ́:riŋ]

英検 3 級

重要な，大切な
<small>じゅうよう</small>

インポータント
important

[impɔ́:rt(ə)nt]

英検 4 級

おもしろい

インタレスティング
interesting

[ínt(ə)rəstiŋ]

英検 4 級

役に立つ
<small>やく</small>

ユースふる
useful

[jú:sf(ə)l]

英検 3 級

どう　さ

動作を表す単語

 133

見る

るック
look

[luk]

英検 5 級

～が見える，～を見る

スィー
see

[si:]

英検 5 級

～をじっと見る

ワ(ー)ッチ
watch

[wɑ(:)tʃ]

英検 5 級

聞く

りスン
listen

[lís(ə)n]

英検 5 級

～が聞こえる

ヒア
hear

[hiər]

英検 5 級

～を言う

セイ
say

[sei]

英検 5 級

Hello!

話をする

トーク
talk

[tɔːk]

英検 5 級

～を読む

リード
read

[riːd]

英検 5 級

来る

カム
come

[kʌm]

英検 5 級

行く

ゴゥ
go

[gou]

英検 5 級

～を去る，～をおいて行く

リーヴ
leave

[liːv]

英検 4 級

歩く

ウォーク
walk

[wɔːk]

英検 5 級

～を訪問する，訪ねる

ヴィズィット
visit

[vízət]

英検 5 級

走る

ラン
run

[rʌn]

英検 5 級

～を食べる

イート
eat

[iːt]

英検5級

（飲み物）を飲む

ドゥリンク
drink

[driŋk]

英検5級

ねむる

スリープ
sleep

[sliːp]

英検5級

住む，生きる

リヴ
live

[liv]

英検5級

～を勉強する

スタディ
study

[stʌ́di]

英検5級

～を書く

ライト
write

[rait]

英検5級

話す，（ある言語）を話す

スピーク
speak

[spiːk]

英検5級

歌う

スィング
sing

[siŋ]

英検5級

（線）を引く，（絵・図）をかく

ドゥロー
draw

[drɔ:]

英検 **4** 級

（学科など）を教える

ティーチ
teach

[ti:tʃ]

英検 **5** 級

～をたずねる，～を質問する

アスク
ask

[æsk]

英検 **5** 級

答える，返事をする

アンサァ
answer

[ǽnsər]

英検 **4** 級

（～を）開く

オウプン
open

[óup(ə)n]

英検 **5** 級

（～を）閉じる

クろウズ
close

[klouz]

英検 **5** 級

～を使う

ユーズ
use

[ju:z]

英検 **5** 級

～を切る

カット
cut

[kʌt]

英検 **4** 級

～を押す

プッシ
push

[puʃ]

英検 3 級

～を引く

プる
pull

[pul]

英検 3 級

～にふれる

タッチ
touch

[tʌtʃ]

英検 3 級

ノックする

ナ(ー)ック
knock

[nɑ(:)k]

英検 3 級

～をつかまえる

キャッチ
catch

[kætʃ]

英検 4 級

～を運ぶ

キャリィ
carry

[kǽri]

英検 4 級

～を持っている, ～を食べる

ハヴ
have

[hæv]

英検 5 級

とどまる

ステイ
stay

[stei]

英検 5 級

働く，勉強する

ワ～ク
work

[wəːrk]

英検 5 級

～を作る

メイク
make

[meik]

英検 5 級

～を洗う

ワ(ー)ッシ
wash

[wɑ(ː)ʃ]

英検 5 級

(～を)料理する

クック
cook

[kuk]

英検 5 級

～を買う

バイ
buy

[bai]

英検 5 級

～を運転する

ドゥライヴ
drive

[draiv]

英検 5 級

～を建てる

ビるド
build

[bild]

英検 4 級

～を売る

セる
sell

[sel]

英検 4 級

～をあたえる

<ruby>ギヴ<rt></rt></ruby>
give

[giv]

英検 **4** 級

～を送る

<ruby>おく<rt></rt></ruby>

<ruby>センド<rt></rt></ruby>
send

[send]

英検 **4** 級

待つ

<ruby>ま<rt></rt></ruby>

<ruby>ウェイト<rt></rt></ruby>
wait

[weit]

英検 **4** 級

～を助ける，手伝う

<ruby>たす<rt></rt></ruby> <ruby>て つだ<rt></rt></ruby>

<ruby>へるプ<rt></rt></ruby>
help

[help]

英検 **5** 級

～を借りる

<ruby>か<rt></rt></ruby>

<ruby>ボーロウ<rt></rt></ruby>
borrow

[bɔ́:rou]

英検 **3** 級

かしだし

～を貸す

<ruby>か<rt></rt></ruby>

<ruby>れンド<rt></rt></ruby>
lend

[lend]

英検 **3** 級

～を持ってくる，連れてくる

<ruby>も<rt></rt></ruby> <ruby>つ<rt></rt></ruby>

<ruby>ブリング<rt></rt></ruby>
bring

[briŋ]

英検 **4** 級

おどる

<ruby>ダンス<rt></rt></ruby>
dance

[dæns]

英検 **5** 級

～が好きである

ら**イ**ク
like

[laik]

～を愛する

ら**ヴ**
love

[lʌv]

～がほしい

ワ(ー)ント
want

[wɑ(:)nt]

～を楽しむ

イン**ヂョイ**
enjoy

[indʒɔ́i]

～を知っている

ノウ
know

[nou]

～と思う，考える

すィンク
think

[θiŋk]

～のにおいを感じる

ス**メ**る
smell

[smel]

笑う

らふ
laugh

[læf]

ほほえむ

スマイる
smile

[smail]

英検 **4** 級

泣く，（〜と）さけぶ

クライ
cry

[krai]

英検 **4** 級

さけぶ

シャウト
shout

[ʃaut]

英検 **4** 級

遊ぶ，〜をする

プれイ
play

[plei]

英検 **5** 級

（〜を）忘れる

ふォゲット
forget

[fərgét]

英検 **4** 級

とぶ

ヂャンプ
jump

[dʒʌmp]

英検 **5** 級

（〜に）登る

クらイム
climb

[klaim]

英検 **4** 級

飛ぶ

ふらイ
fly

[flai]

英検 **5** 級

（馬・乗り物）に乗る

ライド
ride

[raid]

（～を）投げる

すロウ
throw

[θrou]

出発する, 始まる, ～を始める

スタート
start

[staːrt]

始業式

～を始める, 始まる

ビギン
begin

[bigín]

～を終える, 終わる

ふィニッシ
finish

[fíniʃ]

～を止める, 止まる

スタ(ー)ップ
stop

[sta(ː)p]

雪が降る

スノウ
snow

[snou]

雨が降る

レイン
rain

[rein]

生活でよく使う表現

ここでは生活でよく使う2語以上の表現を確認しましょう。「～する」ということを表すものです。

起きる，立ち上がる

get up
ゲット　アップ

[get ʌp]

英検 5 級

歯をみがく

brush my teeth
ブラッシ　マイ　ティーす

[brʌʃ mai tiːθ]

顔を洗う

wash my face
ワ(ー)ッシ　マイ　ふェイス

[wɑ(ː)ʃ mai feis]

朝食を食べる

eat breakfast
イート　ブレックふァスト

[iːt brékfəst]

服を着る，身じたくをする

get dressed [get drest]
ゲット　ドゥレスト

※ put on my clothes とも言う
プット ア（ー)ン マイ クろウズ
[put ɑ(:)n mai klóuz]

家を出る

leave home
りーヴ　ホウム

[li:v houm]

学校へ行く

go to school
ゴウ　トゥー　スクーる

[gou tu: sku:l]

昼食を食べる

eat lunch
イート　らンチ

[i:t lʌntʃ]

友だちと話す

talk with friends
トーク　ウィず　ふレンズ

[tɔːk wið frendz]

日本語を勉強する

スタディ　ヂャパニーズ
study Japanese

[stʌ́di dʒæpəníːz]

すわる

スィットダウン
sit down

[sit dáun]

立ち上がる

スタンド　　　アップ
stand up

[stænd ʌp]

買い物に行く

ゴウ　　シャ(ー)ピング
go shopping

[gou ʃá(ː)piŋ]

ケーキを焼く

ベイク　　　ア　ケイク
bake a cake

[beik ə keik]

歌を歌う

スィング ア ソ(ー)ング
sing a song

[siŋ ə sɔ(:)ŋ]

家に帰る

ゴウ ホウム
go home

[gou houm]

家に帰ってくる

カム ホウム
come home

[kʌm houm]

英検 5 級

ピアノを練習_{れんしゅう}する

プラクティス ざ ピアノゥ
practice the piano

[prǽktis ðə piǽnou]

イヌを散歩_{さんぽ}させる

ウォーク マイ ド(ー)グ
walk my dog

[wɔ:k mai dɔ(:)g]

イヌの世話をする

テイク　ケア　　アヴ　マイ　ド(ー)グ
take care of my dog

[teik keər ɔv mai dɔ(:)g]

母を手伝う

へるプ　マイ　マザァ
help my mother

[help mai mʌðər]

夕食を食べる

イート　ディナァ
eat dinner

[i:t dínər]

皿を洗う

ワ(ー)ッシ　ざ　ディッシズ
wash the dishes

[wɑ(:)ʃ ðə díʃiz]

宿題をする

ドゥー　マイ　ホウムワ〜ク
do my homework

[du mai hóumwə:rk]

音楽を聞く

りスン　　　トゥー　ミューズィック
listen to music

[lís(ə)n tu: mjú:zik]

テレビを見る

ワ(ー)ッチ　　ティーヴィー
watch TV

[wɑ(:)tʃ tì:ví:]

風呂を掃除する

クリーン　　　ざ　　バすタップ
clean the bathtub

[kli:n ðə bǽθtʌb]

風呂に入る

テイク　　ア　バす
take a bath

[teik ə bæθ]

寝る

ゴウ　トゥー　ベッド
go to bed

[gou tu: bed]

色 〜何色が好き？〜

135

ふきだしの中の赤い単語を，以下の①〜⑩の単語に言いかえてみよう。

(フ)ワット カらァ ドゥ ユー らイク
What color do you like?

きみは何色が好き？

アイらイク レッド
I like red.

赤が好きよ。

会話表現をチェック！

(フ)ワット カらァ ドゥ ユー らイク
What color do you like? 「何色が好きですか？」

---

① 青，青い

ぶるー
blue

[blu:]

英検 5 級

② 赤，赤い

レッド
red

[red]

英検 5 級

③ 黒，黒い

ブラック
black

[blæk]

英検 5 級

④ 黄色，黄色い

イェろウ
yellow

[jélou]

英検 5 級

⑤ 白，白い

（フ）ワイト
white

[(h)wait]

英検 5 級

⑥ 茶色，茶色い

ブラウン
brown

[braun]

英検 5 級

⑦ オレンジ，オレンジの

オ（ー）レンヂ
orange

[ɔ́(ː)rindʒ]

英検 5 級

⑧ ピンク色，ピンク色の

ピンク
pink

[piŋk]

英検 5 級

⑨ 緑，緑の
みどり

グリーン
green

[griːn]

英検 5 級

⑩ 紫色，紫色の
むらさき

パ～プる
purple

[pə́ːrpl]

形 ～この図形を知っていますか？～

136

ふきだしの中の赤い単語を，以下の①〜⑰の単語に言いかえてみよう。

ドゥ ユー ノウ ずィス ふィギャ
Do you know this figure?

この図形を知っていますか？

イェス イッツ ア サ～クる
Yes. It's a circle.

はい。円です。

会話表現をチェック！
ドゥ ユー ノウ
Do you know 〜?「〜を知っていますか？」

図形

ふィギャ
figure

[fígjər]

英検3級

① 円

サ～クる
circle

[sə́:rkl]

英検3級

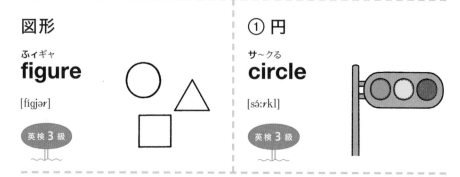

② ハート型

ハート
heart

[hɑːrt]

英検 **4** 級

③ 三角形

トゥライアングる
triangle

[tráiæŋgl]

④ 正方形

スクウェア
square

[skweər]

英検 **3** 級

⑤ 長方形

レクタングる
rectangle

[réktæŋgl]

⑥ ひし形

ダイ(ア)モンド
diamond

[dái(ə)mənd]

英検 **3** 級

⑦ 台形

トラピゾイド
trapezoid

[træpizɔ́id]

⑧ 平行四辺形

パラれラグラム
parallelogram

[pæ̀rəléləgræm]

⑨ 球

スふィア
sphere

[sfiər]

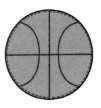

⑩ 五角形

ペンタガ(ー)ン
pentagon

[péntəgà(:)n]

⑪ 六角形

ヘクサガ(ー)ン
hexagon

[héksəgà(:)n]

⑫ 立方体

キューブ
cube

[kju:b]

⑬ 直方体

キューボイド
cuboid

[kjú:bɔid]

⑭ 円柱

スィリンダァ
cylinder

[sílindər]

⑮ 三角柱

トゥライアングらァ
triangular
プリズム
prism

[tràiǽŋgjulər prìzm]

⑯ 四角柱

スクウェア　ピらァ
square pillar

[skwéər pìlər]

⑰ 線

らイン
line

[lain]

英検 4 級

304

点

ポイント
point

[pɔint]

英検 **3** 級

0.01
0.02
0.03

丸い

ラウンド
round

[raund]

英検 **3** 級

まっすぐに，まっすぐな

ストゥレイト
straight

[streit]

英検 **3** 級

曲がり角 ; 曲がる, 〜を曲げる

カ〜ヴ
curve

[kəːrv]

サイクる
cycle の前にことばがつくと…

cycle は「自転車」という意味です。前につけることばによって，少しずつ意味が変わります。

uni-（1つの）
ユーニサイクる
unicycle
いちりんしゃ
一輪車

bi-（2つの）
バイスィクる
bicycle
にりんしゃ
二輪車

tri-（3つの）
トゥライスィクる
tricycle
さんりんしゃ
三輪車

時刻① ～今，何時？～

時刻② 〜何時に起きるの？〜

138

(フ)**ワット タイム　ドゥ　ユー　ゲット アップ**
What time do you get up?

きみは何時に起きるの？

アイ ゲット アップ アト スィックス さ〜ティ
I get up at six thirty.

ぼくは6時30分に起きます。

会話表現をチェック！

「何時に〜をするの？」と聞くときは，(フ)**ワット タイム　ドゥ　ユー**
What time do you 〜?「何時に〜しますか？」

メモ　「〜時に」と言うときは，$\overset{アト}{at}$ 〜と表します。

れい アイ カむ　ホウム　アト すリー
例）I come home at three.「わたしは3時に家に帰ります」

時刻の言い方いろいろ

10時5分前	10時5分（すぎ）	10時ちょうど
ふァイヴ トゥ テン	ふァイヴ パスト　テン	テン　オクら(ー)ック
five to ten	five past ten	ten o'clock

307

数（数えられるもの）
〜白鳥が2，3羽いるよ〜

ふきだしの中の赤い単語を，以下の①〜④の単語に言いかえてみよう。

> るック　ウィー　キャン　スィー　ア　ふュー　スワ(ー)ンズ　インざ　　パ(ー)ンド
> **Look! We can see a few swans in the pond.**
>
> 見て！ 池に2，3羽の白鳥が見えるよ。

① 少数の

ア　ふュー
a few　[ə fjuː]

ア　ふュー　ボールズ
a few balls
「2，3個のボール」
 英検3級

② たくさんの

メニィ
many　[méni]

メニィ　ペンズ
many pens
「たくさんのペン」
 英検5級

③ ほとんどない

ふュー
few　[fjuː]

ふュー　ド(ー)グズ
few dogs
「イヌがほとんどいない」
 英検3級

④ いくつかの

サム
some　[sʌm]

サム　ブックス
some books
「数冊の本」
 英検5級

量（数えられないもの）

〜雨が少し降ったね〜

140

ふきだしの中の赤い単語を，以下の①〜④の単語に言いかえてみよう。

> ウィー ハッド ア りトゥる レイン イェスタディ
> **We had a little rain yesterday.**
>
> きのう少し雨が降ったね。

メモ　ウィー ハッド
　　　We had 〜. は，雨や雪が降ったときに使います。
　　　れい　ウィー ハッド スノウ　　イェスタディ
　　　例）We had snow yesterday.「きのうは雪が降りました」

① 少しの

ア　りトゥる
a little　[ə lítl]

用例　ア　りトゥる　レイン
　　　a little rain
　　　「少しの雨」

　英検 5 級

② たくさんの

マッチ
much　[mʌtʃ]

用例　マッチ　　ウォータァ
　　　much water
　　　「たくさんの水」

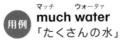　英検 5 級

③ ほとんどない

りトゥる
little　[lítl]

用例　りトゥる　スノウ
　　　little snow
　　　「雪がほとんどない」

　英検 5 級

④ いくらかの

サム
some　[sʌm]

用例　サム　　ミるク
　　　some milk
　　　「いくらかの牛乳」
　　　ぎゅうにゅう

　英検 5 級

〜のもの　〜だれのもの？〜

ふきだしの中の赤い単語を，以下の①〜⑩の単語に言いかえてみよう。

イズ ザット ピクチャ ヂャ(ー)ンズ
Is that picture John's?

あの絵はジョンのもの？

ノウ イッツ
No. It's Ken's.

ちがうわ。健のものよ。

メモ 人の名前を使って「〜のもの」というときは〈's〉で表します。
例）「ジョンのもの」John's, 「健のもの」Ken's

---

① わたしのもの

マイン
mine

[main]

② あなたのもの，
あなたたちのもの

ユアズ
yours

[juərz]

311

③ 彼のもの
かれ

ヒズ
his

[hiz]

④ 彼女のもの
かのじょ

ハ〜ズ
hers

[hə:rz]

⑤ わたしの先生のもの

マイ　　ティーチャズ
my teacher's

[mai tíːtʃərz]

⑥ わたしの父のもの

マイ　　ふァーざァズ
my father's

[mai fáːðərz]

⑦ ジョンのもの

ジョンズ
John's

[dʒɑ(ː)nz]

⑧ 健のもの
けん

ケンズ
Ken's

[kenz]

⑨ わたしたちのもの

アウアズ
ours

[áuərz]

⑩ 彼らのもの, 彼女らのもの,
それらのもの

ぜアズ
theirs

[ðeərz]

ひんど 〜ときどきお母さんのお手伝いする？〜

 142

ふきだしの中の赤い単語を，次のページの①〜⑦の単語に言いかえてみよう。

ドゥ ユー へるプ ユア マざァ
Do you help your mother?
お母さんをお手伝いするの？

イェス アイサムタイムズ へるプ ハ〜
Yes. I sometimes help her.
そうよ。ときどき彼女を手伝うの。

メモ sometimes「ときどき」や always「いつも」といったことばを，「ひんどを表すことば」という言い方をします。

313

① ときどき

サムタイムズ
sometimes

[sʌ́mtaimz]

② いつも

オーるウェイズ
always

[ɔ́:lweiz]

③ たいてい

ユージュ(ア)りィ
usually

[júːʒu(ə)li]

④ たびたび

オ(ー)ふン
often

[ɔ́(:)f(ə)n]

⑤ けっして〜ない

ネヴァ
never

[névər]

⑥ めったに〜しない

セるダム
seldom

[séldəm]

⑦ ふだんは

ノーマりィ
normally

[nɔ́:rm(ə)li]

⑧ ほとんど，もう少しで

オーるモウスト
almost

[ɔ́:lmoust]

文法編

1 be動詞 「わたしは[あなた]は〜です」

I am 〜.「わたしは〜です」
You are 〜.「あなたは〜です」

> **I am Ken.**「わたしは健です」
> **You are Ryoko.**「あなたは涼子です」

143

1. 「〜です」というときには am, are, is を使います。

- ・am, are, is を be 動詞といいます。
- ・am, are, is の前のことばと後ろのことばは, 同じ人［もの］を指します。

I = Ken

You = Ryoko

2. 主語が I「わたしは」のときには am を使います。

I am Ken.「わたしは健です」

> I「わたしは」= Ken「健」

※ I am を I'm と短くすることもできます。

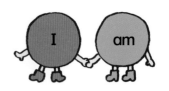

3. 主語が You「あなたは」のときには are を使います。

You are Ryoko.「あなたは涼子です」

> You「あなたは」= Ryoko「涼子」

※ You are を You're と短くすることもできます。

「彼［彼女］は〜です」

> # He is 〜.「彼は〜です」
> # She is 〜.「彼女は〜です」

> **He is Ken.**「彼は健です」
> **She is Ryoko.**「彼女は涼子です」

1. 男の人（1人）を指すときには He「彼は」,
　　女の人（1人）を指すときには She「彼女は」を使います。

He　　　　He　　　　He　　　　She　　　　She　　　　She

2. 主語が He「彼は」のときには is を使います。

He is Ken.「彼は健です」

He「彼は」= Ken「健」

※ He is を He's と短くすることもできます。

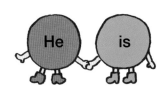

3. 主語が She「彼女は」のときにも is を使います。

She is Ryoko.「彼女は涼子です」

She「彼女は」= Ryoko「涼子」

※ She is を She's と短くすることもできます。

We are 〜 . 「わたしたちは〜です」
They are 〜 . 「彼らは〜です」

We are students.「わたしたちは生徒です」
They are friends.「彼らは友達です」

144

1. 「わたしたちは」というときには We,「彼らは, 彼女らは」
   というときには They を使います。

We　　　　　　　　　　　　　　They

2. 主語が We「わたしたちは」のときには are を使います。
   We are students.「わたしたちは生徒です」

   > We「わたしたちは」= students「生徒」

   ※We are を We're と短くすることもできます。
   ※主語が 2 人以上のときは students と s がつきます。

3. 主語が They「彼らは」のときにも are を使います。
   They are friends.「彼らは友達です」

   > They「彼らは」= friends「友達」

   ※They are を They're と短くすることも
   　できます。

318

「これ[あれ]は〜です」

This is 〜.「これは〜です」
That is 〜.「あれは〜です」

ずィス イズ ア ブック
This is a book.「これは1冊の本です」
ざット イズ ア ハウス
That is a house.「あれは1けんの家です」

1. 「近くのもの」を指すときには This「これは」,
「遠くのもの」を指すときには That「あれは」を使います。

2. 主語が This「これは」のときや That「あれは」のときは is
を使います。

ずィス イズ ア ブック
This is a book.「これは1冊の本です」

This「これは」＝ a book「1冊の本」

ざット イズ ア ハウス
That is a house.「あれは1けんの家です」

That「あれは」＝ a house「1けんの家」

※ That is を That's と短くすることも
できます。

※ a は「1つの」という意味です（→くわしくは p.346）。

「こちら[あちら]は〜です」

This is 〜（人）.「こちらは〜です」
That is 〜（人）.「あちらは〜です」

ずィス　イズ
This is Kazu.「こちらはカズです」

145

ざット　イズ　マイ　ブラざァ
That is my brother.「あちらはわたしの兄です」

1.「こちらは〜です」と人をしょうかいするときには，
ずィス　イズ
This is 〜（人）. という形を使^{つか}います。

ずィス　イズ
This is Kazu.「こちらはカズです」

This「こちらは」= Kazu「カズ」（人の名前）

This

2.「あちらは〜です」と遠くにいる人をしょうかいするときに
ざット　イズ
は，That is 〜（人）. という形を使います。

ざット　イズ　マイ　ブラざァ
That is my brother.「あちらはわたしの兄です」

That「あちらは」= my brother「わたしの兄」

That

「～ではありません」

I am not ～.「わたしは～ではありません」
This is not ～.「これは～ではありません」

アイ アム　ナ(ー)ット　スリーピィ
I am not sleepy.
「わたしはねむくありません」

ずィス　イズ　ナ(ー)ット　マイ　ド(ー)グ
This is not my dog.
「これはわたしの犬ではありません」

「～ではありません」というときには，am，are，is の後に not
を置きます。

- 「～ではありません」という文を「否定文」
  といいます。

| ふつうの文 | アイ アム　スリーピィ
I am sleepy.「わたしはねむいです」 |

| 否定文 | アイ アム　ナ(ー)ット　スリーピィ
I am not sleepy.「わたしはねむく
ありません」 |

> not「～ではない」

※ I am not を I'm not と短くすることもできます。

| ふつうの文 | ずィス　イズ　マイ　ド(ー)グ
This is my dog.「これはわたしの犬
です」 |

| 否定文 | ずィス　イズ　ナ(ー)ット　マイ　ド(ー)グ
This is not my dog.「これはわたしの犬
ではありません」 |

> not「～ではない」

※ is not を isn't と短くすることもできます。

「～ですか？」

Are you ～? 「あなたは～ですか？」
Is he ～? 「彼は～ですか？」

Are you hungry?「あなたは空腹ですか？」
アー　ユー　　ハングリィ

Is he American?「彼はアメリカ人ですか？」
イズ　ヒー　　アメリカン

146

---

1. **「～ですか？」とたずねるときには，am，are，is を主語の前に置いて，最後に「?」をつけます。**
   アム　アー　イズ　しゅご　　　　お　　　　　　さいご

   ・「～ですか？」という文を「疑問文」といいます。
   　　　　　　　　　　　　　ぎもん

   | ふつうの文 | You are hungry. 「あなたは空腹です」 |

   文の終わりは上げていう
   お

   | 疑問文 | Are you hungry? 「あなたは空腹ですか？」 |
   アー　ユー　ハングリィ

   ※ You are → Are you と逆にして，最後に「?」をつけます。
   　　　　　　　　　　　ぎゃく

   | ふつうの文 | He is American. 「彼はアメリカ人です」 |
   ヒー　イズ アメリカン

   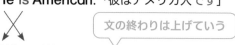

   文の終わりは上げていう

   | 疑問文 | Is he American? 「彼はアメリカ人ですか？」 |
   イズ ヒー　アメリカン

   ※ He is → Is he と逆にして，最後に「?」をつけます。

322

2. Are you 〜? でたずねられたら，「はい」は Yes, I am.「いいえ」は No, I'm not. で答えます。

・「あなたは〜？」と聞かれているので，答えは I am [I'm] 〜「わたしは〜」となります。

Are you hungry? 「あなたは空腹ですか？」

答え方	Yes, I am.「はい，空腹です」
	No, I'm not.「いいえ，空腹ではありません」

I'm = I am

Yes や No の後にコンマ(,)をつけるのを忘れずに。

3. Is he [she] 〜? でたずねられたら，「はい」は Yes, he [she] is.「いいえ」は No, he [she] isn't. で答えます。

・「彼は〜？」と聞かれているので, 答えはHe is [He's] 〜. となります。

Is he American? 「彼はアメリカ人ですか？」

答え方	Yes, he is.「はい，そうです」
	No, he isn't.「いいえ，そうではありません」

isn't = is not

1 be動詞

◆「～です」の文

- am，are，is はいずれも「～です」という同じ意味をもつ be 動詞という仲間です。
- 主語によってどれを使うかが決まっています。

1人の人が主語のとき

主語	be 動詞		日本語の意味
I	am	Ryoko.	「わたしは涼子です」
You	are	my friend.	「あなたはわたしの友達です」
He	is	Ken.	「彼は健です」
She	is	Japanese.	「彼女は日本人です」
My father	is	a doctor.	「わたしの父は医者です」

2人以上の人が主語のとき

主語	be 動詞		日本語の意味
We	are	Japanese.	「わたしたちは日本人です」
You	are	students.	「あなたたちは生徒です」
They	are	friends.	「彼らは友達です」

「あなたたちは」というときと「あなたは」というときは同じ形（you are）ですね。

◆「～ではありません」と否定する文／「～ですか？」とたずねる文

- ・「～ではありません」のように否定する文を作るには，am，are，is の後に not を置きます。
- ・「～ですか？」のようにたずねる文を作るには，am，are，is を主語の前に置いて，最後に「？」をつけます。

アイアム ナ(ー)ット ア ストゥーデント I am not a student.	「わたしは生徒ではありません」
アー ユー ア ストゥーデント Are you a student?	「あなたは生徒ですか？」
イェス アイアム — Yes, I am.	「はい，そうです」
ノウ アイム ナ(ー)ット — No, I'm not.	「いいえ，そうではありません」

ヒー イズ ナ(ー)ット ア ストゥーデント He is not a student.	「彼は生徒ではありません」
イズ ヒー ア ストゥーデント Is he a student?	「彼は生徒ですか？」
イェス ヒー イズ — Yes, he is.	「はい，そうです」
ノウ ヒー イズント — No, he isn't.	「いいえ，そうではありません」

ウィー アー ナ(ー)ット ストゥーデンツ We are not students.	「わたしたちは生徒ではありません」
アー ぜイ ストゥーデンツ Are they students?	「彼らは生徒ですか？」
イェス ぜイ アー — Yes, they are.	「はい，そうです」
ノウ ぜイ アーント — No, they aren't.	「いいえ，そうではありません」

会話では aren't のように短くした形がよく使われるのね。

325

2 一般動詞 「わたしは〜します」

I play 〜.
「わたしは〜をします」

I play soccer.「わたしはサッカーをします」
アイ プレイ　　サ(ー)カァ

I study English.「わたしは英語を勉強します」
アイ スタディ　イングリッシ
えいご　べんきょう

147

---

1. 「わたしは〜します」というときには，play「〜をする」や
   プレイ
   study「〜を勉強する」などの動詞を使います。
   スタディ

   ・このような動詞を一般動詞といいます。

   I play soccer.「わたしはサッカーをします」
   アイプレイ　サ(ー)カァ

他の一般動詞の例

   study「〜を勉強する」
   like「〜が好きです」
   らイク　　す
   など

   play soccer

2. 英語の文は日本語とはことばの並び方がちがうので注意しま
   なら　　　　　　　　　　　ちゅうい
   しょう。

   〔日本語〕　わたしは　英語　を勉強します。

   〔英語〕　I　　　study　English.
   　　　　　アイ　　スタディ　イングリッシ

   「わたしは，を勉強
   します，英語」の
   順になるのか。
   じゅん

326

「わたしは〜しません」

I do not play 〜.

「わたしは〜をしません」

アイ ドゥ ナ(ー)ット プれイ テニス
I do not play tennis.

「わたしはテニスをしません」

「わたしは〜しません」というときには，<ruby>play<rt>プれイ</rt></ruby> などの動詞の前に
<ruby>do not<rt>ドゥ ナ(ー)ット</rt></ruby> を<ruby>置<rt>お</rt></ruby>きます。

| ふつうの文 | <ruby>I play tennis.<rt>アイプれイ テニス</rt></ruby> |

「わたしはテニスをします」

play tennis

| 否定文 | <ruby>I do not play tennis.<rt>アイ ドゥ ナ(ー)ット プれイ テニス</rt></ruby> |

└─動詞 play の前に do not を置く

「わたしはテニスをしません」

do not「〜しない」

※ do not を <ruby>don't<rt>ドゥント</rt></ruby> と<ruby>短<rt>みじか</rt></ruby>くすることもできます。

<ruby>I don't play tennis.<rt>アイドゥント プれイ テニス</rt></ruby> ということもできるのね。

do not play tennis

「あなたは～しますか？」

Do you like ～ ?
「あなたは～が好きですか？」

ドゥー　ユー　らイク　ミューズィック
Do you like music?

148

「あなたは音楽が好きですか？」

---

1. 「あなたは～しますか？」とたずねるときには，
主語（しゅご）の前に Do を置（お）いて，最後（さいご）に「?」をつけます。

> ふつうの文
> ユー　らイク　ミューズィック
> You like music.「あなたは音楽が好きです」

> 疑問文（ぎもん）
> ドゥー　ユー　らイク　ミューズィック
> Do you like music?↗「あなたは音楽が好きですか？」
> └ 主語 you の前に Do を置く

> たずねるときは文の終（お）わりを
> 上げていうんだったね。

2. Do ～ ? でたずねられたら，do を使（つか）って答えます。
「はい」は Yes, I do.「いいえ」は No, I don't. です。

ドゥー　ユー　らイク　ミューズィック
Do you like music?↗「あなたは音楽が好きですか？」

> 答え方
> イェス　アイ　ドゥー
> Yes, I do.「はい，好きです」

> ノウ　アイ　ドウント
> No, I don't. ← don't = do not
> 「いいえ，好きではありません」

Yes,
I do.

「彼 [彼女] は〜します」

He plays 〜.「彼は〜をします」

He plays the guitar.

「彼はギターをひきます」

He, She, 人の名前が主語のときには, その後に続く play「〜をする」などの動詞の最後に s がつきます。

He plays the guitar.「彼はギターをひきます」

主語は He「彼は」 → play に s がつく

チェック

動詞によって s のつけ方はいくつかあります。

・s だけをつける動詞
play「〜をする」→ plays, like「〜が好き」→ likes,
help「〜を手伝う」→ helps など

・es をつける動詞
go「行く」→ goes, watch「〜を見る」→ watches など

・y を i に変えて es をつける動詞
study「〜を勉強する」→ studies など

・決まった形に変わる動詞
have「〜を持っている」→ has など

「彼［彼女］は～しません」

He does not drink ～.

「彼は～を飲みません」

He does not drink coffee.
ヒー　ダズ　　ナ(ー)ット　ドゥリンク　　コ(ー)フィ

「彼はコーヒーを飲みません」

149

He, She, 人の名前が主語のときに「～しません」というときには，drink などの動詞の前に does not を置きます。

・does not がつくと，動詞には s がつかず，元の形になります。

| ふつうの文 | **He drink<u>s</u> coffee.**
ヒー　ドゥリンクス　コ(ー)フィ
「彼はコーヒーを飲みます」 |

| 否定文 | **He** 　ヒー　ダズ　ナ(ー)ット　　ドゥリンク　コ(ー)フィ
He boxed:does not **drink coffee.**
└─ 動詞 drink の前に does not を置く
「彼はコーヒーを飲みません」 |

does not 「～しない」

drinks

does not drink s

※ does not を doesn't と短くすることもできます。
　　　　　　ダズント

He doesn't drink coffee.
ヒー　ダズント　　ドゥリンク　コ(ー)フィ
ということもできるんだね。

330

「彼女［彼］は～しますか？」

Does she have ～ ?

「彼女は～を持っていますか？」

ダズ　　シー　　ハヴ　　ア　ペン
Does she have a pen?

「彼女はペンを持っていますか？」

1. 「彼女［彼］は～しますか？」とたずねるときには，主語の前に Does を置いて，最後に「?」をつけます。

・Does ～ ? の形になると，動詞は元の形になります。

ふつうの文　She <u>has</u> a pen.「彼女はペンを持っています」

疑問文　<u>Does</u> she <u>have</u> a pen?↗
└─主語 she の前に Does を置く

「彼女はペンを持っていますか？」

2. Does ～ ? でたずねられたら，does を使って答えます。「はい」は Yes, she does.「いいえ」は No, she doesn't. です。

Does she have a pen?↗「彼女はペンを持っていますか？」

答え方　Yes, she does.「はい，持っています」
No, she doesn't.「いいえ，持っていません」

doesn't は does not と同じ

Yes, she does.

2 一般動詞

◆「～します」の文

「～します」というときには，play「～をする」，study「～を勉強する」
などの一般動詞を使います。

・主語が He「彼は」や She「彼女は」，人の名前などのときには，動詞に
s や es がつきます。

I，You，We，They が主語のとき

主語	動詞		日本語の意味
アイ I	ワ(ー)ッチ watch	ティーヴィー TV.	「わたしはテレビを見ます」
ユー You	らイク like	キャッツ cats.	「あなたはネコが好きです」
ウィー We	プれイ play	ベイスボーる baseball.	「わたしたちは野球をします」
ゼイ They	スピーク speak	イングリッシ English.	「彼らは英語を話します」

He，She，人の名前が主語のとき

主語	動詞		日本語の意味
ヒー He	プれイズ play<u>s</u>	テニス tennis.	「彼はテニスをします」
シー She	ドゥリンクス drink<u>s</u>	ティー tea.	「彼女はお茶を飲みます」
Ken	ゴウズ go<u>es</u>	トゥ スクーる to school.	「健は学校に行きます」

plays と s がついていることに注意しましょう。

◆「～しません」と否定する文／「～しますか？」とたずねる文

「～しません」

・動詞の前に do not，does not を置いて，動詞は元の形にします。

「～しますか？」

・主語の前に Do，Does を置いて，動詞は元の形にします。
・答えるときは，Yes「はい」，No「いいえ」の後に do，does を使って
Yes, I do. や No, I don't. などと答えます。

I don't like pizza.	「わたしはピザが好きではありません」
Do you like pizza? — Yes, I do. — No, I don't.	「あなたはピザが好きですか？」 「はい，好きです」 「いいえ，好きではありません」

He doesn't play soccer.	「彼はサッカーをしません」
Does he play soccer? — Yes, he does. — No, he doesn't.	「彼はサッカーをしますか？」 「はい，します」 「いいえ，しません」

◆動詞の s のつけ方

s だけをつける動詞	plays, likes, helps, drinks など
es をつける動詞	goes, watches など
y を i に変えて es をつける動詞	studies など
決まった形に変わる動詞	have → has など

3 人称代名詞 にんしょうだいめいし 「わたし[あなた]の」

my「わたしの」
your「あなたの」

ずィス イズ マイ バッグ
This is my bag.
「これはわたしのかばんです」

イズ ザット ユア ブラざァ
Is that your brother?
「あちらはあなたの兄［弟］ですか？」

150

---

1. 「わたしの〜」というときには，my 〜を使います。
   マイ つか

   「あなたの〜」というときには，your 〜を使います。
   ユア

   ・このようなことばを人称代名詞といいます。

my bag

your bag

2. my や your の後には「もの」や「人」のことばが続きます。
   つづ

   ずィス イズ マイ バッグ
   This is my bag . ← もの

   「わたしの」＋「かばん」

   「これはわたしのかばんです」

   my や your は必ず「もの」
   なら
   や「人」を表すことばと
   あらわ
   セットで使われます。

   イズ ザット ユア ブラざァ
   Is that your brother ? ← 人

   「あなたの」＋「兄［弟］」

   「あちらはあなたの兄［弟］ですか？」

334

「わたし[あなた]を」

me 「わたしを」
you 「あなたを」

Do you know me?
ドゥー ユー ノウ ミー
「あなたはわたしを知っていますか？」

Sue loves you.
スー らヴス ユー
「スーはあなたを愛しています」

1. 「わたしを」というときには, me を使います。
   「あなたを」というときには, you を使います。

2. me や you は「〜します」という動詞の後にきます。

Do you know me?
ドゥ ユー ノウ ミー
「〜を知っている」＋「わたしを」   know が動詞
「あなたはわたしを知っていますか？」

Sue loves you.
スー らヴス ユー
「〜を愛する」＋「あなたを」   loves が動詞
「スーはあなたを愛しています」

you「あなたを」って, 別の意味もありましたよね。

はい。you は同じ形で「あなたは」という意味もあります。

mine「わたしのもの」
yours「あなたのもの」

ずィス　イレイサァ　イズ　マイン
This eraser is mine.
「この消しゴムはわたしのものです」
ずィス　ペン　イズ　ユアズ
This pen is yours.
「このペンはあなたのものです」

🔊 **151**

1. 「わたしのもの」というときには，mine を使います。

・mine は〈my＋「もの」や「人」を表すことば〉の代わりに使われます。

ずィス　イレイサァ　イズ　マイン
This eraser is 〔mine〕.
「この消しゴムはぼくのもの
です」

> my eraser
> 「わたしの消しゴム」
> と同じ意味

mine

2. 「あなたのもの」というときには，yours を使います。

・yours は〈your＋「もの」や「人」を表すことば〉の代わりに使われます。

ずィス　ペン　イズ　ユアズ
This pen is 〔yours〕.
「このペンはあなたのもの
です」

> your pen
> 「あなたのペン」
> と同じ意味

yours

チェック

p.334 ～ 336 の形を整理しておきましょう。

わたしは	わたしの	わたしを	わたしのもの
アイ **I**	マイ **my**	ミー **me**	マイン **mine**

あなたは	あなたの	あなたを	あなたのもの
ユー **you**	ユア **your**	ユー **you**	ユアズ **yours**

「彼[彼女]の」

his「彼の」
her「彼女の」

This is his book.「これは彼の本です」
ずィス　イズ　ヒズ　ブック

He is her cousin.「彼は彼女のいとこです」
ヒー　イズ　ハ〜　カズン

1. 「彼の〜」というときには，his 〜を使います。
   「彼女の〜」というときには，her 〜を使います。

his book

her book

2. his や her の後には「もの」や「人」を表すことばが続きます。

This is [his] [book]. — < book はもの
ずィス　イズ　ヒズ　ブック
　「彼の」＋「本」

「これは彼の本です」

He is [her] [cousin]. — < cousin は人
ヒー　イズ　ハ〜　カズン
　「彼女の」＋「いとこ」

「彼は彼女のいとこです」

> his や her も「もの」や「人」を表すことばとセットで使われます。

「彼 [彼女] を」

him「彼を」
her「彼女を」

I help him.
「わたしは彼を手伝います」
Do you know her?
「あなたは彼女を知っていますか？」

152

1. 「彼を」というときには，him を使います。
「彼女を」というときには，her を使います。

2. him や her は「〜します」という動詞の後にきます。

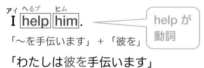
I help him.
「〜を手伝います」＋「彼を」
「わたしは彼を手伝います」

help が動詞

Do you know her?
「〜を知っている」＋「彼女を」
「あなたは彼女を知っていますか？」

know が動詞

you と同じように her も別の意味があるんですね。

その通り。her は「彼女の」と「彼女を」の2つの意味があります。

338

「彼 [彼女] のもの」

his「彼のもの」
hers「彼女のもの」

This cap is his.「このぼうしは彼のものです」
ずィス　キャップ　イズ　ヒズ

That bike is hers.「あの自転車は彼女のものです」
ざット　バイク　イズ　ハ～ズ

1.「彼のもの」というときには，his を使います。

・his は〈his＋「もの」や「人」を表すことば〉の代わりに使われます。

This cap is his.
ずィス　キャップイズ　ヒズ

「このぼうしは
彼のものです」

> his cap
> 「彼のぼうし」
> と同じ意味

his = his cap

2.「彼女のもの」というときには，hers を使います。

・hers は〈her＋「もの」や「人」を表すことば〉の代わりに使われます。

That bike is hers.
ざット　バイク　イズ　ハ～ズ

「あの自転車は
彼女のものです」

> her bike
> 「彼女の自転車」
> と同じ意味

hers = her bike

チェック　p.337〜339 の形を整理しておきましょう。

彼は	彼の	彼を	彼のもの
ヒー he	ヒズ his	ヒム him	ヒズ his

彼女は	彼女の	彼女を	彼女のもの
シー she	ハー her	ハー her	ハ～ズ hers

our「わたしたちの」
their「彼らの」

シー　イズ　アゥア　ティーチャ
She is our teacher.
「彼女_{かのじょ}はわたしたちの先生です」
ずィス　イズ　ゼア　ハウス
This is their house.
「これは彼らの家です」

🔊 153

---

1. 「わたしたちの〜」というときには，our〜_{アゥア}を使_{つか}います。

　「彼らの〜」というときには，their〜_{ゼア}を使います。

our teacher

their teacher

2. our や their の後には「もの」や「人」を表_{あらわ}すことばが続_{つづ}きます。

シー　イズ　アゥア　ティーチャ
She is our teacher. ← teacher は人

「わたしたちの」＋「先生」

「彼女はわたしたちの先生です」

ずィス　イズ　ゼア　ハウス
This is their house. ← house はもの

　「彼らの」＋「家」

「これは彼らの家です」

> our や their も「もの」や「人」を表すことばとセットで使われるんだね。

340

「わたしたち [彼ら] を」

us「わたしたちを」
them「彼らを」

He helps us.
ヒー へるプス アス
「彼はわたしたちを手伝います」
I know them.
アイ ノウ ゼム
「わたしは彼らを知っています」

1. 「わたしたちを」というときには，us を使います。
   アス
   「彼らを」というときには，them を使います。
   ゼム

2. us や them は「～します」という動詞の後にきます。
   どう し

   ヒー へるプス アス
   He |helps| |us|. ←── helps が動詞
   「～を手伝う」＋「わたしたちを」
   「彼はわたしたちを手伝います」

   アイノウ ゼム
   I |know| |them|. ←── know が動詞
   「～を知っている」＋「彼らを」
   「わたしは彼らを知っています」

helps　us

know　them

主語が He のときは help**s**
と s がつくんだったわね。

「わたしたち [彼ら] のもの」

ours 「わたしたちのもの」
theirs 「彼らのもの」

_{ずィス　　ハウス　　　　イズ　アゥアズ}
This house is ours.
「この家はわたしたちのものです」
_{ざット　　　カー　イズ　ぜアズ}
That car is theirs. 「あの車は彼らのものです」

154

1.「わたしたちのもの」というときには，ours を使います。

・ours は〈our +「もの」や「人」を表すことば〉の代わりに使われます。

_{ずィス　　ハウス　　　イズ　アゥアズ}
This house is ours .
「この家はわたしたちのもの
です」

> our house
> 「わたしたちの
> 家」と同じ意味

ours = our house

2.「彼らのもの」というときには，theirs を使います。

・theirs は〈their +「もの」や「人」を表すことば〉の代わりに使われます。

_{ざット　　　カー　イズ　ぜアズ}
That car is theirs .
「あの車は彼らのものです」

> their car
> 「彼らの車」
> と同じ意味

theirs = their car

チェック

p.340 〜 342 の形を整理しておきましょう。

わたしたちは	わたしたちの	わたしたちを	わたしたちのもの
_{ウィー} **we**	_{アゥア} **our**	_{アス} **us**	_{アゥアズ} **ours**

彼らは	彼らの	彼らを	彼らのもの
_{ぜイ} **they**	_{ぜア} **their**	_{ぜム} **them**	_{ぜアズ} **theirs**

342

「それは」「それを」

it 「それは」「それを」

イット イズ マイ キャット
It is my cat.
「それはわたしのネコです」

アイ らイク　ミるク　　アイ ドゥリンク　イット エヴリィ　　デイ
I like milk.　I drink it every day.
「わたしは牛乳が好きです。わたしはそれを毎日飲みます」

1. 「1つのもの」や「人・動物」を指して，「それは」というときには，it を使います。

・主語が It 「それは」のときには is を使います。

イット　イズ マイ　キャット
<u>**It**</u> **is my cat.**　「それはわたしのネコです」

It 「それは」 = my cat 「わたしのネコ」

※ It is を It's と短くすることもできます。

2. 前に出てきた「もの」や「人」を指して，「それを」というときにも it を使います。

アイ らイク ミるク　アイ ドゥリンク イット エヴリィ デイ
I like <u>milk</u>. **I drink** <u>it</u> **every day.**

it は milk を
指している

「わたしは牛乳が好きです。
わたしはそれを毎日飲みます」

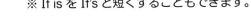

it は「牛乳」を指しているのね。

343

③ 人称代名詞

◆人称代名詞：「〜は」，「〜の」，「〜を」，「〜のもの」などを表すことば

1人の人を表す人称代名詞

わたしは	わたしの	わたしを	わたしのもの
アイ I	マイ my	ミー me	マイン mine

あなたは	あなたの	あなたを	あなたのもの
ユー you	ユア your	ユー you	ユアズ yours

彼は	彼の	彼を	彼のもの
ヒー he	ヒズ his	ヒム him	ヒズ his

彼女は	彼女の	彼女を	彼女のもの
シー she	ハ〜 her	ハ〜 her	ハ〜ズ hers

例）アイ らイク コ(ー)ふィ
I like coffee.「わたしはコーヒーが好きです」

ずイス イズ マイ ティーチャ
This is my teacher.「こちらはわたしの先生です」

へるプス ミー
Yuki helps me.「ユキはわたしを手伝います」

ずイス ブック イズ マイン
This book is mine.「この本はわたしのものです」

同じ形で意味がちがうものがあるので注意しましょう。

344

2人以上の人を表す人称代名詞

わたしたちは	わたしたちの	わたしたちを	わたしたちのもの
ウィー we	アウア our	アス us	アウアズ ours

彼らは 彼女らは	彼らの 彼女らの	彼らを 彼女らを	彼らのもの 彼女らのもの
ぜィ they	ぜア their	ぜム them	ぜアズ theirs

1つのもの・動物を表す人称代名詞

それは	それを
イット it	イット it

2つ以上のもの・動物を表す人称代名詞

それらは	それらを
ぜィ they	ぜム them

it は「それは」も「それを」も同じなのね。

例）ウィー らイク ラーメン
We like ramen.「わたしたちはラーメンが好きです」

ざット イズ アウア スクーる
That is our school.「あれはわたしたちの学校です」

ミスタァ へるプス アス
Mr. Tanaka helps us.「田中先生はわたしたちを手伝います」

ざット カー イズ アウアズ
That car is ours.「あの車はわたしたちのものです」

ぜィ アー ヂャパニーズ
They are Japanese.「彼らは日本人です」

ぜア ふァーざァ イズ ア ダ(ー)クタァ
Their father is a doctor.「彼らのお父さんは医者です」

ドゥ ユー ノウ ぜム
Do you know them?「あなたは彼らを知っていますか？」

ずィス ド(ー)グ イズ ぜアズ
This dog is theirs.「この犬は彼らのものです」

a book「1冊の本」
two books「2冊の本」

アイ ハヴ　　ア ブック
I have a book.
「わたしは1冊の本を持っています」
さつ　　　　　も

アイ ハヴ　　　　トゥー　　　ブックス
I have two books.「わたしは2冊の本を持っています」

🔊 155

1.「もの」や「人」を表すことばを名詞といいます。
あらわ

・名詞が「1つのもの」や「1人の人」のときには前に a を置きます。
ア　　お

・これを名詞の単数形といいます。

アイ ハヴ　ア ブック
I have a book. ◁ 名詞の単数形

「わたしは1冊の本を持っています」

a book

2.「2つ以上のものや人」の名詞の最後には，s がつきます。
い じょう　　　　　　　　　　　さい ご

・これを名詞の複数形といいます。

アイ ハヴ　トゥー　ブックス
I have two books. ◁ 名詞の複数形

「わたしは2冊の本を持っています」

two books

チェック

複数形の作り方にはいくつかあります。

・s をつけるもの
ド(ー)グ　　　　　　ド(ー)グズ　　ボイ　　　　　　　ボイズ
dog「犬」→ dogs，boy「男の子」→ boys など

・es をつけるもの
バ(ー)ックス　はこ　　　バ(ー)ックスィズ　バス　　　　　バスィズ
box「箱」→ boxes，bus「バス」→ buses など

・y を i に変えて es をつけるもの
ストーリィ　ものがたり　ストーリィズ
story「物語」→ stories など
か

346

冠詞 _{かんし}

an apple 「1個のリンゴ」
the color 「その色」

I have an apple.
「わたしは1個のリンゴを持っています」
He has a car. I like the color.
「彼は車を持っています。わたしはその色が好きです」

---

1. 「1つのもの」,「1人の人」を表すことば（名詞）がア, イ, ウ, エ, オに近い音（母音）で始まるときには an を置きます。

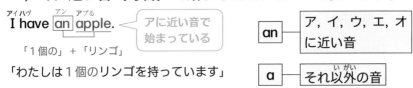

I have an apple. ← アに近い音で始まっている

「1個の」＋「リンゴ」

「わたしは1個のリンゴを持っています」

an	ア, イ, ウ, エ, オ に近い音
a	それ以外の音

2. 前に出た「もの」や「人」を指して,「その〜」というときには, そのことばの前に the を置きます。

He has a car. I like the color. ← 彼の車のその色

「その」＋「色」

「彼は車を持っています。わたしはその色が好きです」

・a, an, the を冠詞といいます。
・a, an, the は必ず名詞とセットになります。
・my, your や this, that などがつくと冠詞はつきません。

> 車の色のことを言っているとわかるので the color となります。

a new bike 「新しい自転車」

ずィス イズ ア ヌー バイク
This is a new bike.
「これは新しい自転車です」
じ てんしゃ

シー イズ カインド
She is kind.
「彼女は親切です」

156

---

1. 「もの」や「人」を表すことば（名詞）をくわしく説明する
   あらわ   せつめい
   ものを形容詞といいます。

   ・形容詞はくわしく説明するそのことばの前に置きます。
                                              お

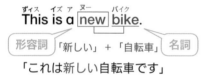

ずィス イズ ア ヌー バイク
This is a new bike.

形容詞 「新しい」 + 「自転車」 名詞

「これは新しい自転車です」

new   bike

形容詞 + 名詞

2. 主語がどのようなものかを表すときは，〈主語 + be 動詞 + 形
   しゅ ご   どう し
   容詞〉となります。

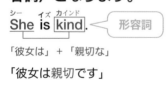

シー イズ カインド
She is kind. ← 形容詞

「彼女は」 + 「親切な」

「彼女は親切です」

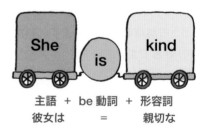

She   is   kind

主語 + be 動詞 + 形容詞
彼女は   =   親切な

形容詞② (some, any)

some「いくつかの〜」
any「いくつかの〜」

アイ ハヴ サム エッグズ
I have some eggs.
「わたしはいくつかの卵を持っています」

ドゥ ユー ハヴ エニィ ペンズ
Do you have any pens?
「あなたはいくつかのペンを持っていますか？」

1. 「いくつかの〜」というときには，some を使います。

　　・some は主に「〜です」「〜をします」などの意味を表す文で使います。

　　・some は後に「もの」や「人」を表すことばがきます。

アイ ハヴ サム エッグズ
I have some eggs. ← eggs は もの
　　「いくつかの」＋「卵」

「わたしはいくつかの卵を持っています」

2. 「〜ですか？」とたずねる文で，「いくつかの〜」というときには，any を使います。

　　・any も後に「もの」や「人」を表すことばがきます。

ドゥ ユー ハヴ エニィ ペンズ
Do you have any pens? ← pens は もの
　　「いくつかの」＋「ペン」

「あなたはいくつかのペンを
持っていますか？」

　　some や any の後のことばには s がつきます。
　　また，答えるときは1つでも持っていれば Yes. となります。

run fast「速く走る」

Ryoko runs fast.
ランズ ふァスト

「涼子は速く走ります」
はや

157

1. 「〜します」ということば（動詞）のようすをくわしく説明
   するものを**副詞**といいます。

   Ryoko <u>runs</u> <u>fast</u>.
   ランズ ふァスト

   動詞 「走る」＋「速く」 副詞

   「涼子は速く走ります（＝涼子は走るのが速い）」

   run fast

2. **副詞には「ようす」の他に「ひんど（くり返される回数）」，「時」，**
   「場所」などを表すものがあります。

   ・「ひんど」を表すもの
     always「いつも」，**usually**「たいてい」など
     オーるウェィズ   ユージュ(ア)りィ
     例) Ms. Davis is always busy.
        ミズ デイヴィス イズ オーるウェィズ ビズィ
        「デイビス先生はいつもいそがしい」

   always busy

   ・「時」を表すもの
     now「今」，**today**「きょう」など
     ナウ   トゥデイ
     例) Ken is tired now.「健は今つかれています」
        イズ タイアド ナウ

   ・「場所」を表すもの
     here「ここで」，**there**「そこで」など
     ヒア   ゼア
     例) They play tennis here.「彼らはここでテニスをします」
        ゼイ プれイ テニス ヒア

   ※「ひんど」以外の副詞はふつう文の最後に置きます。
    いがい   さいご お

   ※形容詞や他の副詞，文全体をくわしく説明することもあります。

前置詞①（場所）

on ～「～の上に」
in ～, at ～「～に，～で」

The cat is on the bed.
「そのネコはベッドの上にいます」

Miki lives in Kyoto.
「ミキは京都に住んでいます」

Ken is at home now.「健は今家にいます」

「～に」，「～で」と「場所」を表すときには，on「～の上に」，in「～（の中）に」，at「～に，～で」などのことば（前置詞）を使います。

・on は「～の上に」というとき，in は「広い場所」，at は「せまい場所」や「ある地点」をいうときに使います。

The cat is | on | the bed.

　　　「～の上に」 + 「ベッド」

「そのネコはベッドの上にいます」

on the bed

Miki lives | in | Kyoto.

　　　「～に」 + 「京都」　広い場所

「ミキは京都に住んでいます」

in Kyoto

Ken is | at | home now.

　　　「～に」 + 「家」　せまい場所

「健は今家にいます」

at home

前置詞②（時）

on ～, in ～, at ～「～に」

We meet on Sundays.
「わたしたちは毎週日曜日に会います」

School starts in April.
「学校は4月に始まります」

I get up at six.「わたしは6時に起きます」

158

「**～に**」と「**時**」を表すときには，**on**，**in**，**at** などのことば（前置詞）を使います。

・**on** は「日・曜日」など，**in** は「ある長さの時間（月・季節・年など）」，**at** は時刻など「時のある1点」を表すのに使います。

We meet `on` **Sundays.** ＜ 「曜日」を表すことば

　　　　　「～に」＋「日曜日」

「わたしたちは毎週日曜日に会います」

on Sundays

School starts `in` **April.** ＜ 「月」を表すことば

　　　　　「～に」＋「4月」

「学校は4月に始まります」

in April

I get up `at` **six.** ＜ 「時のある1点」を表すことば

　　　　　「～に」＋「6時」

「わたしは6時に起きます」

at six

前置詞③（手段ほか）

by ～「～で」
with ～「～といっしょに」

アイ ゴウ トゥ スクーる　　　バイ バス
I go to school by bus.
「わたしはバスで学校に行きます」
りサ　　プれイズ　テニス　　ウィず　ハ～　ふレンド
Lisa plays tennis with her friend.
「リサは友達といっしょにテニスをします」

1. 「～で」, 「～によって」のように「交通などの手段」を表すときには, by ということば（前置詞）を使います。

※このときの by の後の名詞に冠詞はつきません。

アイ ゴウ トゥ スクーる　バイ バス
I go to school by bus.「わたしはバスで学校に行きます」

「～で」＋「バス」

by bus　　　　　by bike　　　　　by train

2. 「～といっしょに」というときには, with を使います。

りサ　プれイズ テニス　ウィず　ハ～　ふレンド
Lisa plays tennis with her friend.

「～といっしょに」＋「彼女の友達」

「リサは友達といっしょにテニスをします」

with her friend

せつぞくし

and「〜と…」, or「〜または…」, but「〜しかし…」

アンド　　　 ヂョン　　 アー　 ふレンズ
Ken and John are friends.
「健とジョンは友達です」
ともだち

イズ シー　　　　　　　 オァ
Is she Ryoko or Yuki?
「彼女は涼子ですか，またはユキですか？」
かのじょ

ヒー イズ ブァ　 バット ハピィ
He is poor but happy.「彼は貧しいが幸せです」
まず　　　しあわ

159

1. 「〜と…」というときには，and を使います。
アンド　　つか

アンド ヂョン　 アー ふレンズ
Ken |and| John are friends.

「健」＋「と」＋「ジョン」

「健とジョンは友達です」

 and

健　　　　　と　　　　ジョン

2. 「〜または…」というときには，or を使います。
オァ

イズ シー　　　　　　 オァ
Is she Ryoko |or| Yuki?

「涼子」＋「または」＋「ユキ」

「彼女は涼子ですか，
またはユキですか？」

 or

涼子　　　 または　　 ユキ

3. 「〜しかし…」というときには，but を使います。
バット

ヒー イズ ブァ　 バット ハピィ
He is poor |but| happy.「彼は貧しいが幸せです」

「貧しい」＋「しかし」＋「幸せな」

・and，or，but のように前後のことばをつなぐものを接続詞といいます。

4 品詞
ひん し

まとめ

◆名詞：「もの」や「人」を表すことば
めい し　　　　　　　　　　　　あらわ

冠詞：a, an「1つの〜」, the「その〜」を表すことば
かん し　ア　アン　　　　　　　ざ/ずィ

・a や an は1つのものを表す名詞の前に置かれます。
お

・名詞が2つ以上のものを表すときは最後に s をつけます。
い じょう　　　　　　　　　　　　さい ご

1つのもの［人］

ア ボーる
a ball「1つのボール」

アン アプる
an apple「1個のリンゴ」
こ

2つ以上のもの［人］

トゥー ボーるズ
two balls「2つのボール」

スリー アプるズ
three apples「3個のリンゴ」

> ア, イ, ウ, エ, オに近い音（母音）で始まる
> ほ いん
> ことばの前には an を置くんだったね。

名詞の複数形のつくり方

s をつけるもの	ボーるズ　キャッツ　エッグズ balls, cats, eggs など
es をつけるもの	バ(-)ックスィズ　バスィズ boxes, buses など
y を i に変えて es をつけるもの か	ストーりィズ stories など

◆形容詞：「もの」や「人」（名詞）をくわしく説明することば
けいよう し　　　　　　　　　　　　　　　　　　せつめい

・形容詞はくわしく説明する名詞の前に置きます。

アイハヴ　ア ヌー　ワ(-)ッチ
I have a new watch.

「わたしは新しい時計を持っています」
と けい　も

・主語のことをくわしく説明するときは、〈主語＋be動詞＋形容詞〉で表します。

Kazu is kind.	「カズは親切です」

kind

・some と any は「いくつかの〜」という意味です。
・some は主にふつうの文で，any はたずねる文で使います。
・後に「もの」や「人」を表すことばがきます。

I have some books.	「わたしは何冊かの本を持っています」
Do you have any brothers?	「あなたは何人かの兄弟がいますか？」

◆副詞：「〜します」（動詞）のようすをくわしく説明することばです。他に「ひんど」，「時」，「場所」などを表します
・「ひんど」以外はふつう文の最後に置きます。

副詞の種類

「ようす」	Yuki sings well.	「ユキはじょうずに歌います」
「ひんど」を表す	She often calls me.	「彼女はよくわたしに電話をします」
「時」を表す	John is absent today.	「ジョンはきょうお休みです」
「場所」を表す	The cat sleeps there.	「ネコはそこで寝ます」

副詞があると文がくわしくなるわね。

◆前置詞：「〜に」「〜で」のように「場所」や「時」などを表すことば

「場所」を表すもの

on	「〜の上に」	_{ア(ー)ン ざ テイブる} on the table	「テーブルの上に」
in	「〜（の中）に」や 「広い場所」を表す	_{イン ざ バ(ー)ックス} in the box _{イン ヂャパン} in Japan	「箱の中に」 「日本に」
at	「せまい場所」や 「ある地点」を表す	_{アット ざ ドー} at the door	「戸口で」

「時」を表すもの

on	「日・曜日」などを表す	_{ア(ー)ン マンデイ} on Monday _{ア(ー)ン オーガスト ナインす} on August 9	「月曜日に」 「8月9日に」
in	「ある長さの時間（月・季節）・年など）」を表す	_{イン メイ} in May _{イン スプリング} in spring	「5月に」 「春に」
at	時刻などの「時のある1点」を表す	_{アット エイト} at eight _{アット ヌーン} at noon	「8時に」 「正午に」

その他のもの

by	「〜で」「〜によって」	_{バイ プれイン} by plane	「飛行機で」
with	「〜といっしょに」	_{ウィず} with Ryoko	「涼子といっしょに」

◆接続詞：ことばとことばをつなぐもの

and	「〜と…」	_{ア ド(ー)グ アンド ア キャット} a dog and a cat	「犬とネコ」
or	「〜または…」	_{サマァ オァ ウィンタァ} summer or winter	「夏または冬」
but	「〜しかし…」	_{ずィス ピクチァ イズ オウるド バット ナイス} This picture is old but nice.	「この絵は古いけれども，すてきです」

What 〜？「何？」

What is this?「これは何ですか？」
What do you drink?「あなたは何を飲みますか？」

160

---

1. 「何？」とたずねるときには，what を使います。

・what「何？」や who「だれ？」などを疑問詞といいます。

What is this?
「これは何ですか？」 | 最後は下げていう

What = **何？**

※ What is を What's と短くすることもできます。

答え方の例 It's a new watch.
「それは新しい時計です」

a new watch

2. 「あなたは何を〜しますか？」は What do you 〜？ で表します。

| ふつうの疑問文 | ⬚ **Do you drink coffee?** ↗
「あなたはコーヒーを飲みますか？」

| What の疑問文 | **What** **do you drink** ⬚ ? ↘
「何」
「あなたは何を飲みますか？」

「何曜日？」「何時？」

What day is it ～? 「何曜日？」
What time is it ～? 「何時？」

ワット　　　デイ　　イズ イット トゥデイ
What day is it today?
「きょうは何曜日ですか？」

ワット　　タイム　　　イズ イット ナウ
What time is it now?
「今何時ですか？」

1. 「何曜日ですか？」は ワット デイ イズイット What day is it ～? で表します。

ワット　　デイ　イズイットトゥデイ
What day is it today? ↘
「きょうは何曜日ですか？」

※ today はなくてもかまいません。

What day is it today?

イッツ ふライデイ
It's Friday.
「金曜日です」

2. 「何時ですか？」は, time「時刻」を使って ワット タイム イズイット What time is it ～? で表します。

ワット　　タイム　イズイットナウ
What time is it now? ↘
「今何時ですか？」

※ now はなくてもかまいません。

What time is it now?

イッツ セヴン　　さ～ティ
It's seven thirty.
「7時30分です」

Who 〜 ? 「だれ？」

フー　イズ　シー
Who is she?
「彼女はだれですか？」

フー　プレイズ　ざ　ピアノウ
Who plays the piano?
「だれがピアノをひきますか？」

161

1. 「だれ？」とたずねるときには，who を使います。

フー　イズ　シー
Who is she? ↘

「彼女はだれですか？」

※ Who is を Who's と短くすることもできます。

Who ＝ だれ？

答え方の例　シー　イズ　マイ　ふレンド　りサ　She is my friend, Lisa.「彼女はわたしの友達のリサです」

2. 「だれが〜しますか？」とたずねるときには，最初に Who を置いて，後に「〜します」を表す動詞を続けます。

・動詞は主語が he や she のときと同じように s がついた形（→くわしくは p.329）にします。

フー　プレイズ　ざ　ピアノウ
Who plays the piano? ↘　「だれがピアノを
　　　　　　　　　　　　　　　　ひきますか？」

plays と s がつく

答え方の例　Ryoko does.「涼子です」
アイドゥー
I do.「わたしです」

Who?

360

「だれの〜？」

Whose 〜? 「だれの〜？」

フーズ　　　ノウトブック　　イズ　ずィス
Whose notebook is this?
「これはだれのノートですか？」
フーズ　　　ふァーざァ　　イズ　ヒー
Whose father is he?
「彼はだれの父親ですか？」

「だれの〜？」とたずねるときには，whose を使います。

whose の後にはふつう「もの」や「人」を表すことばが続きます。

フーズ　　　ノウトブック　イズ ずィス
Whose notebook is this? ↘

「だれの」 + 「ノート」　　notebook はもの

「これはだれのノートですか？」

答え方の例　It's mine.
「それはわたしのです」

フーズ　　　ふァーざァ　イズ ヒー
Whose father is he? ↘

「だれの」 + 「父親」　father は人

「彼はだれの父親ですか？」

答え方の例　He is Ken's father.
「彼は健の父親です」

Whose = だれの〜？

Whose notebook?

Whose father?

When ～ ？「いつ？」

（フ)ウェン　イズ　ユア　バ～すデイ
When is your birthday?
「あなたの誕生日はいつですか？」

（フ)ウェン　ドゥー　ユー　ドゥー　ユア　ホウムワ～ク
When do you do your homework?
「あなたはいつ宿題をしますか？」

162

1. 「いつ？」とたずねるときには，when を使います。

（フ)ウェン　イズ　ユア　バ～すデイ
When is your birthday? ↘
「あなたの誕生日はいつですか？」

※ When is を When's と短くすることもできます。

When = いつ？

> 答え方の例
> イッツ　チューン　テンす
> It's June 10.
> 「6月10日です」

2. 「あなたはいつ～しますか？」は When do you ～ ？で表します。

（フ)ウェン　ドゥー　ユー　ドゥー　ユア　ホウムワ～ク
When do you do your homework? ↘
「あなたはいつ宿題をしますか？」

> 答え方の例
> アイドゥー　イットアふタァ　ディナァ
> I do it after dinner.
> 「わたしはそれを夕食後にします」

When?

「どこ？」

Where ～ ? 「どこ？」

（フ）ウェア　イズ　ざ　ポウスト　ア（ー）ふィス
Where is the post office?
ゆうびんきょく
「郵便局はどこですか？」

（フ）ウェア　ドゥー　ユー　りヴ
Where do you live?
す
「あなたはどこに住んでいますか？」

---

1. 「どこ？」とたずねるときには，_{（フ）ウェア} where を使います。

（フ）ウェア　イズ　ざ　ポウスト　ア（ー）ふィス
Where is the post office? ↘

「郵便局はどこですか？」

Where ＝ **どこ？**

※ Where is を Where's と短くすることもできます。
（フ）ウェアズ

| 答え方の例 | イッツ　ニア　ざ　ステイション
It's near the station.
えき
「駅の近くです」 |

2. 「あなたはどこで［に］～しますか？」は Where do you ～ ?
（フ）ウェア　ドゥー　ユー

で表します。

（フ）ウェア　ドゥー　ユー　りヴ
Where do you live? ↘

「あなたはどこに住んでいますか？」

| 答え方の例 | アイりヴ　イン
I live in Yokohama.
よこはま
「わたしは横浜に住んでいます」 |

Where?

Which 〜 ? 「どちらの〜？」
「どちら？」

^{(フ)ウィッチ} ^{バッグ} ^{イズ} ^{ユアズ}
Which bag is yours?
「どちらのかばんがあなたのですか？」

163

^{(フ)ウィッチ} ^{ドゥー} ^{ユー} ^{らイク} ^{サマァ} ^{オァ} ^{ウィンタァ}
Which do you like, summer or winter?
「あなたは夏と冬のどちらが好きですか？」

1. 「どちらの〜？」とたずねるときには，^{(フ)ウィッチ} which を使います。

   which の後にはふつう「もの」や「人」を表すことばが続きます。

   ^{(フ)ウィッチ} ^{バッグ} ^{イズ ユアズ}
   $\boxed{\text{Which}}$ $\boxed{\text{bag}}$ is yours? ↘

   「どちらの」＋「かばん」

   「どちらのかばんがあなたのですか？」

   | Which | = | どちらの〜？ |

   答え方の例 ^{ずィス} ^{ワン} This one.
   「こちらのです」

   Which?

2. 「あなたは〜のどちらが好きですか？」とたずねるときには
   ^{(フ)ウィッチ} ^{ドゥーユー} ^{らイク}
   Which do you like 〜 ? で表します。

   ^{(フ)ウィッチ} ^{ドゥーユー} ^{らイク} ^{サマァ} ^{オァ ウィンタァ}
   Which do you like, summer ↘ or winter? ↗

   「あなたは夏と冬のどちらが好きですか？」

   答え方の例 ^{アイらイク サマァ} I like summer.
   「わたしは夏が好きです」

   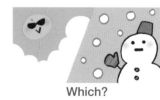
   Which?

364

「なぜ？」

Why ～ ？ 「なぜ？」

Why is this clock slow?
（フ)ワイ　イズ　ずィス　クら(ー)ック　スろウ
「この時計はなぜおくれているのですか？」

Why do you like summer?
（フ)ワイ　ドゥー　ユー　らイク　サマァ
「あなたはなぜ夏が好きなのですか？」

---

1. 「なぜ？」と理由をたずねるときには，why を使います。

・理由は because「…だから」を使って答えます。

Why is this clock slow? ↘
（フ)ワイ　イズ　ずィス　クら(ー)ック　スろウ
「この時計はなぜおくれているのですか？」

| **Why** | = | **なぜ？** |

答え方の例　Because it is old.
ビコ(ー)ズ　イットイズ　オウるド
「古いからです」

2. 「あなたはなぜ～なのですか？」は Why do you ～？で表します。

Why? → Because ...

Why do you like summer? ↘
（フ)ワイ　ドゥーユー　らイク　サマァ
「あなたはなぜ夏が好きなのですか？」

答え方の例　Because I like swimming.
ビコ(ー)ズ　アイらイク　スウィミング
「わたしは泳ぐのが好きだからです」

「どんな状態？」「どのように？」

How ～ ？「どんな状態？」
「どのように？」

ハウ　アー　ユー
How are you?
「お元気ですか（＝あなたの状態はどうですか）？」
ハウ　ドゥー　ユー　ゴゥ　トゥ　スクーる
How do you go to school?
「あなたはどうやって学校に行きますか？」

164

---

1. 「どんな状態？」とたずねるときには, how を使います。

ハウ　アー　ユー
How are you? ↘
「お元気ですか？
（＝あなたの状態はどうですか？）」

How ＝ **どんな状態？**

答え方の例　アイム　ふァイン　さンク　ユー
I'm fine, thank you.
「元気です，ありがとう」

2. 「あなたはどのように～しますか？」は How do you ～ ？ で
表します。

ハウ　ドゥーユー　ゴゥ　トゥ　スクーる
How do you go to school? ↘
「あなたはどうやって学校に行きますか？」

答え方の例　アイ　ゴゥ　トゥ　スクーる　バイ　バイク
I go to school by bike.
「わたしは自転車で学校に行きます」
アイ　ウォーク
I walk.
「わたしは歩きます」

How?

366

「どれくらい〜？」

How 〜 ? 「どれくらい〜？」

ハウ　　オゥるド　アー　　ユー
How old are you?
「あなたは何さいですか？」

ハウ　　ろ(ー)ング　イズ　ざット　　ブリッヂ
How long is that bridge?
「あの橋はどれくらいの長さですか？」

1. 「何さいですか？」とたずねるときには，how「どれくらい
   の〜」を使って How old 〜 ? で表します。

   How old?

ハウ　　オゥるド　アー　ユー
How old are you? ↘
「あなたは何さいですか？」

アイム　テン　イアズ　　オゥるド
答え方の例　I'm ten (years old).「わたしは 10 さいです」

2. 「〜はどれくらいの長さですか？」とたずねるときには
   ハウ　　ろ(ー)ング
   How long 〜 ? で表します。

   How long?

ハウ　　ろ(ー)ング　イズ　ざット　ブリッヂ
How long is that bridge? ↘
「あの橋はどれくらいの長さですか？」

イットイズ　テン　　ミータァズ　　ろ(ー)ング
答え方の例　It is ten meters (long).「10 メートルです」

チェック

オゥるド　ろ(ー)ング　　　　　　　　　　　　ふァー　　　　　　トーる
old や long の代わりに far「遠い」，tall「（背が）高い」などを入れることも
できます。
　　ハウ　ふァー　　　　　　　　　　　　　　ハウ　トーる
例) How far 〜 ?「どのくらい遠く〜？」，How tall 〜 ?「どのくらい高く〜？」

367

「いくつの〜？」「〜はいくら？」

How many 〜 ? 「いくつの〜？」
How much 〜 ? 「〜はいくら？」

ハウ　　メニィ　　アプルズ　　ドゥー　ユー　　ハヴ
How many apples do you have?
「あなたはいくつのリンゴを持っていますか？」

165

ハウ　マッチ　　イズ　ずィス　シャ〜ト
How much is this shirt?
「このシャツはいくらですか？」

---

1. 「いくつの〜？」とたずねるときには，How many 〜 ? で表します。

   ・how many の後には「もの」や「人」を表すことばが続きます。
   ・このとき，「もの」や「人」を表すことばには s がつきます（→くわしくは p.346）。

ハウ　メニィ　アプルズ　ドゥーユー　ハヴ
How many apples do you have? ↘
「あなたはいくつのリンゴを持っていますか？」

答え方の例	アイハヴ　ふァイヴ　アプルズ I have five (apples). 「わたしは 5 個持っています」

How many?

2. 「〜はいくら？」と値段をたずねるときには，How much 〜 ? で表します。

ハウ　　マッチ　イズ　ずィス　シャ〜ト
How much is this shirt? ↘
「このシャツはいくらですか？」

答え方の例	イッツ　すリー　　さウザンド　　イェン It's three thousand yen. 「3,000 円です」

How much?

5 疑問詞

まとめ

What ～？「何？」

What is that mountain? — It's Mt. Fuji.	「あの山は何ですか？」 「富士山です」
What do you want? — I want a pen.	「あなたは何がほしいですか？」 「わたしはペンがほしいです」
What day is it today? — It's Sunday.	「きょうは何曜日ですか？」 「日曜日です」
What time is it now? — It's four o'clock.	「今何時ですか？」 「4時です」

Who ～？「だれ？」

Who is that man? — He is my teacher.	「あの男の人はだれですか？」 「彼はわたしの先生です」
Who plays the guitar? — Mr. Smith does.	「だれがギターをひきますか？」 「スミス先生です」

Whose ～？「だれの～？」

Whose bike is this? — It's Ken's.	「これはだれの自転車ですか？」 「健のです」

「だれの～？」とたずねるときは whose の後に
「もの」や「人」を表すことばがくるんでしたね。

（フ）ウェン
When ～？「いつ？」

（フ）ウェン イズ ユア バ〜すデイ When is your birthday? イッツ ディセンバァ イれヴンす — It's December 11.	「あなたの誕生日はいつですか？」 「12 月 11 日です」
（フ）ウェン ドゥーぜイ プれイ サ（ー）カァ When do they play soccer? ぜイ プれイ イットアふタァ スクーる — They play it after school.	「彼らはいつサッカーをしますか？」 「放課後にします」

（フ）ウェア
Where ～？「どこ？」

（フ）ウェア イズ ざ らイヴレリィ Where is the library? イッツ ア（ー）ン ざ ひる — It's on the hill.	「図書館はどこですか？」 「丘の上にあります」
（フ）ウェア ドゥーユー りヴ Where do you live? アイりヴ イン オオサカ — I live in Osaka.	「あなたはどこに住んでいますか？」 「わたしは大阪に住んでいます」

（フ）ウィッチ
Which ～？「どちらの～？」「どちら？」

（フ）ウィッチ ブック イズ ユアズ Which book is yours? ざット ワン — That one.	「どちらの本があなたのですか？」 「あちらのです」
（フ）ウィッチ ドゥーユー らイク ティー オァ Which do you like, tea or コ（ー）ふィ coffee? アイ らイク ティー — I like tea.	「あなたは紅茶とコーヒーのどちらが 好きですか？」 「わたしは紅茶が好きです」

（フ）ワイ
Why ～？「なぜ？」

（フ）ワイ アー ユー オーるウェイズ スりーピィ Why are you always sleepy? ビコ（ー）ズ アイゴウ トゥ ベッド れイト — Because I go to bed late.	「あなたはなぜいつもねむいのですか？」 「夜おそくに寝るからです」
（フ）ワイ ドゥ ユー らイク ベイスボーる Why do you like baseball? ビコ（ー）ズ イッツ イクサイティング — Because it's exciting.	「あなたはなぜ野球が好きなのですか？」 「わくわくするからです」

How 〜？「どんな状態？」「どのように？」

_{ハウ イズ ユア スィスタァ}
How is your sister?
_{シー イズ ふァイン}
— She is fine.

「あなたのお姉さん［妹さん］は元気ですか（＝の状態はどうですか）？」
「彼女は元気です」

_{ハウ ドゥー ユー ゴウ トゥ ワーク}
How do you go to work?
_{アイ ゴウ バイ バス}
— I go by bus.

「あなたは仕事にどうやって行きますか？」
「わたしはバスで行きます」

How 〜？「どれくらい〜？」

_{ハウ オゥるド イズ ユア ブラざァ}
How old is your brother?
_{ヒー イズ ふィふティーン イアズ オゥるド}
— He is fifteen (years old).

「あなたのお兄さんは何さいですか？」
「彼は 15 さいです」

_{ハウ ろ(ー)ング イズ ざット ロウプ}
How long is that rope?
_{イッツ すリー ミータァズ ろ(ー)ング}
— It's three meters (long).

「あのロープはどれくらいの長さですか？」
「3 メートルです」

How 〜？「いくつの〜？」「〜はいくら？」

_{ハウ メニィ ブックス ドゥー ユー ニード}
How many books do you need?
_{スィックス}
— Six.

「あなたはいくつの本が必要ですか？」
「6 冊です」

_{ハウ マッチ イズ ずィス キャップ}
How much is this cap?
_{イッツ テン ダ(ー)らァズ}
— It's ten dollars.

「このぼうしはいくらですか？」
「10 ドルです」

How many の後のことばは s がつく
形になるんだったよね。

371

6 <ruby>命令文<rt>めいれい</rt></ruby>

「〜しなさい」

<ruby>動詞<rt>どうし</rt></ruby>の<ruby>元<rt>もと</rt></ruby>の<ruby>形<rt>かたち</rt></ruby>〜「〜しなさい」

<ruby>Stand<rt>スタンド</rt></ruby> <ruby>up<rt>アップ</rt></ruby>.「<ruby>立<rt>た</rt></ruby>ちなさい」

<ruby>Be<rt>ビー</rt></ruby> <ruby>quiet<rt>クワイエット</rt></ruby>.「<ruby>静<rt>しず</rt></ruby>かにしなさい」

166

1. 「〜しなさい」と<ruby>命令<rt>めいれい</rt></ruby>するときは，<ruby>主語<rt>しゅご</rt></ruby>を<ruby>置<rt>お</rt></ruby>かず，<ruby>文<rt>ぶん</rt></ruby>を<ruby>動詞<rt>どうし</rt></ruby>で<ruby>始<rt>はじ</rt></ruby>めます。

・このような<ruby>文<rt>ぶん</rt></ruby>を<ruby>命令文<rt>めいれいぶん</rt></ruby>といいます。

ふつうの文	<ruby>You<rt>ユー</rt></ruby> <ruby>stand<rt>スタンド</rt></ruby> <ruby>up<rt>アップ</rt></ruby>.「あなたは立ちます」

主語 ↓

命令文	<ruby>Stand<rt>スタンド</rt></ruby> <ruby>up<rt>アップ</rt></ruby>.「立ちなさい」

2. <ruby>am<rt>アム</rt></ruby>, <ruby>are<rt>アー</rt></ruby>, <ruby>is<rt>イズ</rt></ruby> 「〜です」の<ruby>文<rt>ぶん</rt></ruby>を「〜しなさい」という<ruby>文<rt>ぶん</rt></ruby>にするときは，<ruby>Be<rt>ビー</rt></ruby> 〜. となります。

ふつうの文	<ruby>You<rt>ユー</rt></ruby> <ruby>are<rt>アー</rt></ruby> <ruby>quiet<rt>クワイエット</rt></ruby>.「あなたは静かです」

主語 ↓

命令文	<ruby>Be<rt>ビー</rt></ruby> <ruby>quiet<rt>クワイエット</rt></ruby>.「静かにしなさい」

チェック

「〜してください」とていねいにお<ruby>願<rt>ねが</rt></ruby>いするときは，<ruby>please<rt>プリーズ</rt></ruby>「どうぞ」をつけることが<ruby>多<rt>おお</rt></ruby>いです。<ruby>文<rt>ぶん</rt></ruby>の<ruby>最後<rt>さいご</rt></ruby>につけるときは，<ruby>前<rt>まえ</rt></ruby>にコンマを<ruby>置<rt>お</rt></ruby>きます。
<ruby>Please<rt>プリーズ</rt></ruby> <ruby>help<rt>へるプ</rt></ruby> <ruby>me<rt>ミー</rt></ruby>. = <ruby>Help<rt>へるプ</rt></ruby> <ruby>me<rt>ミー</rt></ruby>, <ruby>please<rt>プリーズ</rt></ruby>.
「どうぞわたしを<ruby>助<rt>たす</rt></ruby>けてください」

「〜してはいけません」

Don't 〜. 「〜してはいけません」
「〜しないで」

ドゥント　ラン　イン　ざ　ルーム
Don't run in the room.
「部屋の中を走ってはいけません」
ドゥント　ビー　アふレイド
Don't be afraid.
「こわがらないで」

1. 「〜してはいけません」や「〜しないで」というときには,
   文を Don't で始め,後に動詞の元の形を続けます。
   ・これを否定命令文といいます。
   ・ていねいにお願いするときは please「どうぞ」をつけます。

命令文	ラン　イン　ざ　ルーム
	Run in the room.
	「部屋の中を走りなさい」

   Don't ＋ 動詞の元の形

否定命令文	ドゥント　ラン　イン　ざ　ルーム
	Don't run in the room.

   「〜してはいけません」

   「部屋の中を走ってはいけません」

   ※ Don't は Do not を短くした形です。

2. am, are, is「〜です」の文を「〜しないで」という文にするときは,Don't be 〜. となります。

命令文	ビー　アふレイド
	Be afraid.
	「こわがりなさい」

否定命令文	ドゥント　ビー　アふレイド
	Don't be afraid.
	「こわがらないで」

ガルルル

「〜しましょう」

Let's 〜 「〜しましょう」

れッツ プれイ テニス
Let's play tennis.

167

「テニスをしましょう」

---

1. 「〜しましょう」と相手をさそうときには, 文を Let's で始め, 後に動詞の元の形を続けます。

れッツ プれイ テニス
Let's play tennis. ◁— 動詞 play は元の形
「テニスをしましょう」

Let's + **動詞の元の形**

「〜しましょう」

2. Let's 〜 . とさそわれたら, Yes, let's. 「そうしましょう」や No, let's not. 「よしましょう」などで答えます。

れッツ プれイ テニス
Let's play tennis. 「テニスをしましょう」

| 答え方 | 同意するとき Yes, let's. 「はい, そうしましょう」
ことわるとき No, let's not. 「いいえ, よしましょう」

れッツ プれイ テニス
Let's play tennis.

イェス れッツ
Yes, let's.

374

6 命令文 （めいれい）

◆ 「〜しなさい」の文

・文を元の形の動詞で始めます。
・am, are, is 「〜です」の文のときは Be で始めます。

ルック アト ずィス ピクチャ Look at this picture.	「この絵を見なさい」
ビー ケアふる Be careful.	「気をつけなさい」

◆ 「〜してはいけません」「〜しないで」の文

・文を Don't で始め，後に元の形の動詞を続けます。
・am, are, is 「〜です」の文のときは Don't be で始めます。

ドゥント プれイ サ(ー)カァ ヒア Don't play soccer here.	「ここでサッカーをしてはいけません」
ドゥント ビー れイト Don't be late.	「遅刻しないで」

> ていねいに言うときは
> please をつけます。

◆ 「〜しましょう」の文

・文を Let's で始め，後に元の形の動詞を続けます。

れッツ ゴウ サイクリング Let's go cycling.	「サイクリングに行きましょう」
イェス れッツ — Yes, let's.	「はい，そうしましょう」
ノウ れッツ ナ(ー)ット — No, let's not.	「いいえ，よしましょう」

7 可能 <ruby>可能<rt>か のう</rt></ruby>

「〜できます」

can 「〜できます」

<ruby>I can play the guitar.<rt>アイ キャン プレイ ざ ギター</rt></ruby>

168

「わたしはギターをひくことができます」

---

1. 「〜できます」というときには，<ruby>can<rt>キャン</rt></ruby>「〜できる」を<ruby>使<rt>つか</rt></ruby>い，〈can ＋<ruby>動詞<rt>どう し</rt></ruby>〉で<ruby>表<rt>あらわ</rt></ruby>します。

can	＋	動詞の元の形

「〜できます」

<ruby>I can <u>play</u> the guitar.<rt>アイ キャン プれイ ざ ギター</rt></ruby>
「わたしはギターをひくことができます」

can play
the guitar

2. <ruby>主語<rt>しゅ ご</rt></ruby>が何であっても can の形は<ruby>変<rt>か</rt></ruby>わりません。

<ruby>Yuki can play the piano.<rt>キャン プれイ ざ ピアノウ</rt></ruby>
「ユキはピアノをひくことができます」

<ruby>He can run fast.<rt>ヒー キャン ラン ふァスト</rt></ruby>
「<ruby>彼<rt></rt></ruby>は<ruby>速<rt>はや</rt></ruby>く走ることができます」

I
Yuki — can
He

いつも
同じ形

主語が Yuki や He でも，can<u>s</u> にはならないんだね。

376

「～できません」

cannot [can not] 「～できません」

I cannot play the guitar.

「わたしはギターをひくことができません」

「～できません」というときには, cannot を動詞の前に置きます。

cannot + 動詞の元の形

「～できません」

ふつうの文 I can play the guitar.
「わたしはギターをひくことができます」

否定文 I cannot play the guitar.
└─ 動詞 play の前に cannot を置く

「わたしはギターをひくことができません」

cannot「～できません」

cannot play
the guitar

※ cannot を can't と短くすることもできます。

cannot, can not のどちらも使えますが,
cannot を使うことが多いです。

Can ～ ?「～できますか？」

キャン　ユー　プれイ　ざ　ギター
Can you play the guitar?

169

「あなたはギターをひくことができますか？」

1. 「あなたは～できますか？」とたずねるときには，主語の前に
   Can を置いて，最後に「?」をつけます。

「～できますか？」

|ふつうの文| You can play the guitar.
「あなたはギターをひくことができます」

|疑問文| Can you play the guitar? ↗
「あなたはギターをひくことができますか？」

2. Can you ～ ? とたずねられたら，can を使って答えます。
   「はい」は Yes, I can. 「いいえ」は No, I can't. です。

キャン　ユー　ラン　ふァスト
Can you run fast? ↗「あなたは速く走ることができますか？」

|答え方| Yes, I can.「はい，できます」
No, I can't.「いいえ，できません」

can't = cannot

7 可能

まとめ

◆「〜できます」の文

・〈can + 動詞〉で表します。このとき，動詞は元の形で使います。

・主語が何であっても can の形もその後の動詞の形も変わりません。

I can speak English.	「わたしは英語を話すことができます」
She can sing well.	「彼女はじょうずに歌うことができます」

◆「〜できません」の文

・cannot [can't] を動詞の前に置きます。

Mr. Jones cannot read Japanese.	「ジョーンズさんは日本語を読むことが できません」

◆「〜できますか？」の文

・主語の前に Can を置いて，最後に「?」をつけます。

・答えるときは，Yes「はい」，No「いいえ」の後に can, can't を使って 答えます。

Can Lisa play the piano?	「リサはピアノをひくことができますか？」
— Yes, she can.	「はい，できます」
— No, she can't.	「いいえ，できません」

答える文では can't という短くした形をよく使うんだね。

379

8 現在進行形 げんざいしんこう 「～しています」

am [are, is] ～ing
「(今) ～しています」

アイ アム　　　ワ(ー)ッチング　　　ティーヴィー
I am watching TV.

170

「わたしは今テレビを見ています」

「(今) ～しています」というときには,
　　　アム　　アー　　イズ　　　　どうし
〈am [are, is] +動詞の ing 形〉で表 あらわ します。

・このような形を現在進行形といいます。

| am [are, is] | + | 動詞の ing 形 |

「～しています」

アイ アム　ワ(ー)ッチング　ティーヴィー
I am watching TV.「わたしは今テレビを見ています」

　　　　　　　　動詞 watch の ing 形

チェック

動詞によって ing 形の作り方はいくつかあります。（→くわしくは p. 410）

・ing だけをつける動詞
　　プレイ　　　　　　　　　　　プレイイング　　スタディ　　　　べんきょう　　　　　　　スタディイング
　play「～をする」→ playing, study「勉強する」→ studying など

・e で終 お わる動詞
　　　さいご　　　　　　と
　最後の e を取って ing をつける。
　　ライト　　　　　　　ライティング　メイク　　　　　　　　　　　　　メイキング
　write「書く」→ writing, make「～を作る」→ making など

・注意 ちゅうい する動詞
　最後の文字を1つ重 かさ ねて ing をつける。
　　ラン　　　　　　　ラニング　　スウィム　　およ　　　　スウィミング
　run「走る」→ running, swim「泳ぐ」→ swimming など

「～していません」

am [are, is] not ～ing
「(今) ～していません」

ヒー　イズ　ナ(ー)ット　スタディイング
He is not studying.

かれ
「彼は今勉強していません」

「(今) ～していません」というときには，am [are, is] の後に
ナ(ー)ット　　お
not を置いて，〈am [are, is] not ＋動詞の ing 形〉で表します。

| am [are, is] | not | ＋ | 動詞の ing 形 |

「～していません」

ふつうの文
ヒー　イズ　スタディイング
He is studying.
「彼は今勉強しています」

否定文
ヒー　イズ　ナ(ー)ット　スタディイング
He is not studying.
└─ is の後に not を置く

「彼は今勉強していません」

イズント　アーント　　みじか
※ is not や are not は isn't, aren't と短くすることもできます。

is studying　　　　　　is not studying

Am [Are, Is] 〜ing?

「（今）〜していますか？」

アー　ぜイ　ランニング
Are they running?

171

「<ruby>彼<rt>かれ</rt></ruby>らは今走っていますか？」

---

1. 「（今）〜していますか？」とたずねるときには，
アム　アー　イズ　　　　　　どうし
〈Am [Are, Is] + 主語 + 動詞の ing 形〜？〉で<ruby>表<rt>あらわ</rt></ruby>します。

Am [Are, Is]	+	主語	+	動詞の ing 形	〜？

「（今）〜していますか？」

ふつうの文 ぜイ　アー　ランニング
They are running.「彼らは今走っています」

逆にする

<ruby>疑問文<rt>ぎもん</rt></ruby> アー　ぜイ　ランニング
Are they running? ↗

「彼らは今走っていますか？」

2. アー　ぜイ
Are they 〜ing? とたずねられたら，「はい」は
イェス　ぜイ　アー　　　　　　　　　　ノウ　ぜイ　アーント
Yes, they are.「いいえ」は No, they aren't. で答えます。

アー　ぜイ　ランニング　ナウ
Are they running now?「彼らは今走っていますか？」

答え方 イェス　ぜイ　アー
Yes, they are.「はい，走っています」
ノウ　ぜイ　アーント
No, they aren't.「いいえ，走っていません」

aren't = are not

「何を〜していますか？」

What are you 〜ing?

「あなたは（今）何を〜していますか？」

What are you doing?

（フ）ワット　アー　ユー　ドゥイング

「あなたは今何をしていますか？」

「あなたは（今）何を〜していますか？」とたずねるときには，
〈What are you + 動詞の ing 形？〉で表します。

What are you doing?
（フ）ワット　アー　ユー　ドゥイング

　「何」

　　　動詞 do の ing 形

what の後はふつうの疑問文がくるんだったね。

「あなたは今何をしていますか？」

答え方の例

I'm studying math.
アイム　スタディイング　マす

「わたしは算数を勉強しています」

※動詞の ing 形でたずねているので，動詞の ing 形で答えます。

What are you reading?
（フ）ワット　アー　ユー　リーディング

「何を読んでいるの？」

I'm reading a comic book.
アイム　リーディング　ア　カ（ー）ミック　ブック

「マンガを読んでいるんだよ」

まとめ

◆「(今) 〜しています」の文

・〈am [are, is] + 動詞の ing 形〉で表します。

アイアム ドゥーインッ マイ ホウムワ〜ク I am doing my homework.	「わたしは今宿題をしています」
ゼイ アー プれイインッ サ(ー)カァ They are playing soccer.	「彼らは今サッカーをしています」
ヒー イズ スリーピンッ He is sleeping.	「彼は今寝ています」

◆「(今) 〜していません」の文

・am [are, is] の後に not を置いて, 〈am [are, is] not + 動詞の ing 形〉で表します。

アイアム ナ(ー)ット ワ(ー)ッチンッ ア ムーヴィ I am not watching a movie.	「わたしは今映画を見ていません」
アンド アー ナ(ー)ット Ryoko and Yuki are not スタディインッ イングりッシ studying English.	「涼子とユキは今英語を勉強していません」
シー イズ ナ(ー)ット ユージンッ ア ふォウン She is not using a phone.	「彼女は今電話を使っていません」

is not は isn't, are not は aren't と
短くすることもできるのよ。

◆「(今)〜していますか？」の文

- am [are, is] を主語の前に置いて，〈Am [Are, Is] + 主語 + 動詞の ing 形〜 ?〉で表します。
- Are you 〜 ? とたずねられたら，「はい」は Yes, I am.，「いいえ」は No, I'm not. で答えます。

Are you reading the newspaper now?	「あなたは今新聞を読んでいますか？」
— Yes, I am.	「はい，読んでいます」
— No, I'm not.	「いいえ，読んでいません」
Is it raining?	「今雨は降っていますか？」
— Yes, it is.	「はい，降っています」
— No, it isn't.	「いいえ，降っていません」

You are を Are you と逆にすれば，たずねる文なんだね。

◆「あなたは (今) 何を〜していますか？」の文

- 〈What are you + 動詞の ing 形 ?〉で表します。
- 答えるときも動詞の ing 形を使って答えます。

| What are you doing? | 「あなたは今何をしていますか？」 |
| — I'm making lunch. | 「わたしは今昼食を作っています」 |

What の後に are you 〜を つければいいのか。

9 過去形　　「〜しました」①

動詞＋ ed 「〜しました」

They played soccer.
ゼイ　プレイド　サ(ー)カァ

「彼らはサッカーをしました」

172

---

1. 「〜しました」というときには, 動詞の最後に ed をつけます。

・これを動詞の「過去形」といいます。

They played soccer.「彼らはサッカーをしました」
ゼイ　プレイド　サ(ー)カァ

> play + ed = 動詞 play の過去形

「〜をしました」

2. 主語が何であっても動詞の形は変わりません。

She watched TV.「彼女はテレビを見ました」
シー　ワ(ー)ッチト　ティーヴィー　かのじょ

> watch + ed = 動詞 watch の過去形

チェック

動詞によって過去形の作り方はいくつかあります。

・ed をつける動詞
play「〜をする」→ played, watch「〜を見る」→ watched など
プレイ　　　　　プレイド　　　ワ(ー)ッチ　　　　　　ワ(ー)ッチト

・d をつける動詞
use「〜を使う」→ used, live「住む」→ lived など
ユーズ　　つか　ユーズド　リヴ　す　リヴド

・注意する動詞
study「勉強する」→ studied（y を i に変えて ed をつける）
スタディ　べんきょう　スタディド　　　　　　か
stop「止まる」→ stopped（最後の文字を１つ重ねて ed をつける）
スタ(ー)ップ　と　スタ(ー)ップト　　　　　　　　　かさ

「～しました」②

went 「行きました」
bought 「買いました」

アイ ウェント トゥ ラスト イア
I went to Kyoto last year.
「わたしは昨年京都に行きました」
アイ ボート ア ブック イェスタディ
I bought a book yesterday.
「わたしはきのう1冊の本を買いました」

ゴウ ウェント
go「行く」の過去形は went です。このように過去形になるとまっ

たくちがう形になる動詞があります。（→くわしくは p. 410）

アイ ウェント トゥ ラスト イア
I went to Kyoto last year.「わたしは昨年京都に
行きました」

動詞 go の過去形

アイ ボート ア ブック イェスタディ
I bought a book yesterday.

「わたしはきのう1冊の本を買いました」

動詞 buy の過去形

went to Kyoto

チェック

過去の文は次のような過去を表すことばといっしょに使われることがあります。

ラスト ウィーク
last week「先週」

ラスト ナイト
last night「昨夜」

トゥー イアズ アゴウ
two years ago「2年前」

イェスタディ
yesterday「きのう」 など

did not 〜「〜しませんでした」

アイ ディッド ナ(ー)ット ブリング マイ らンチ イェスタディ
I did not bring my lunch yesterday.

173

「わたしはきのう自分のお弁当を持ってきませんでした」

「〜しませんでした」というときには,
動詞の前に did not を置きます。

| did | not | + | 動詞の元の形 |

「〜しませんでした」

> bring「〜を持ってくる」の
> 過去形は brought です。

アイ ブロート マイ らンチ イェスタディ
ふつうの文 I brought my lunch yesterday.

「わたしはきのう自分のお弁当を持ってきました」

not「〜でない」   動詞は元の形

アイ ディッド ナ(ー)ット ブリング マイ らンチ イェスタディ
否定文 I did not bring my lunch yesterday.

└─ bring の前に did not を置く

「わたしはきのう自分のお弁当を持ってきませんでした」

※ did not は didn't と短くすることもできます。

・主語が何であっても did not を使います。

ヒー ディッド ナ(ー)ット ヴィズィット アス らスト ナイト
例) He did not visit us last night.

「彼は昨夜, わたしたちを訪ねませんでした」

> He でも何でも
> did not を使うのね。

388

「～しましたか？」

Did ～ ? 「～しましたか？」

Did you go to the library?
ディッド ユー ゴウ トゥ ざ らイブレリィ

「あなたは図書館へ行きましたか？」

1. 「～しましたか？」とたずねるときには，Did を主語の前に
   置いて，〈Did ＋ 主語 ＋ 動詞の元の形～？〉で表します。

   | Did | ＋ | 主語 | ＋ | 動詞の元の形 | ～? |

   「～しましたか？」

   | ふつうの文 | You went to the library.
   ユー ウェント トゥ ざ らイブレリィ

   「あなたは図書館へ行きました」

   動詞は元の形

   | 疑問文 | Did you go to the library? ↗
   ディッド ユー ゴウ トゥ ざ らイブレリィ

   └─ 主語 you の前に Did を置く

   「あなたは図書館へ行きましたか？」

2. Did you ～? でたずねられたら，「はい」は Yes, I did.
   イェス アイディッド

   「いいえ」は No, I didn't. で答えます。
   ノウ アイディドゥント

   Did you go to the library? ↗「あなたは図書館へ行きましたか？」
   ディッド ユー ゴウ トゥ ざ らイブレリィ

   | 答え方 | Yes, I did. 「はい，行きました」
   イェス アイディッド

   No, I didn't. 「いいえ，行きませんでした」
   ノウ アイディドゥント

   didn't = did not

What did 〜 ? 「何を〜しましたか？」

（フ）ワット　ディッド　ユー　　ドゥー　イェスタディ
What did **you do yesterday?**

「あなたはきのう何をしましたか？」

174

「あなたは何を〜しましたか？」とたずねるときには，
ワット　ディッド　ユー　　　あらわ
What did you 〜 ? で表します。

（フ）ワット　ディッド ユー　　ドゥー　イェスタディ
What did you do yesterday?

「何」

ふつうの疑問文と同じ語順

「あなたはきのう何をしましたか？」

答え方の例 　アイ ウェント　サイクリング
I went cycling.
「わたしはサイクリングに行きました」

※過去のことなので，go「行く」の過去形 went を使って答えます。

（フ）ワット ディッド ユー　イート アト ざ　レストラント
What did you eat at the restaurant?
「あなたはレストランで何を食べましたか？」

アイ エイト ステイク
I ate steak.
「ぼくはステーキを食べました」

9 過去形（かこけい）

まとめ

◆「～しました」の文
・過去のことは動詞（どうし）の最後（さいご）に ed をつけて表します。
・主語（しゅご）が何であっても動詞の形（か）は変わりません。

I played baseball with my friends yesterday.　　アイブ れイド　ベイスボーる　ウィず　マイ　ふレンズ　イェスタデイ	「わたしはきのう友達（ともだち）といっしょに野球（やきゅう）をしました」
She visited her grandparents last summer.　　シー　ヴィズィティッド　ハ～　グラン(ド)ペ(ア)レンツ　らスト　サマァ	「彼女（かのじょ）は昨年（さくねん）の夏（なつ），彼女の祖父母（そふぼ）を訪（たず）ねました」

play に ed をつけて played，visit に
ed をつけて visited になるのね。

過去形のつくり方

ed をつける動詞	played, watched, visited など　プれイド　ワ(ー)ッチト　ヴィズィティッド
d をつける動詞	used, lived など　ユーズド　りヴド
y を i に変えて ed をつける動詞	studied, tried など　スタディド　トゥライド
最後の文字を1つ重（かさ）ねて ed をつける動詞	stopped など　スタ(ー)ップト

・ed をつけるのではなく，go → went のようにまったく別<small>べつ</small>の形に変化<small>へんか</small>する動詞<small>どうし</small>もあります。

ウィー ウェント トゥ ざ ズー らスト ウィークエンド We went to the zoo last weekend.	「わたしたちは先週末<small>せんしゅうまつ</small>，動物園<small>どうぶつえん</small>に行きました」
シー ボート ア ナイス ハット イェスタディ She bought a nice hat yesterday.	「彼女<small>かのじょ</small>はきのうすてきなぼうしを買いました」

過去形がまったくちがう形になる動詞の例（→くわしくは p.410）

元の形（原形）	過去形<small>かこ</small>	元の形（原形）	過去形
バイ buy「〜を買う」	ボート bought	ブリング「〜を持<small>も</small>ってくる」 bring	ブロート brought
カム come「来る」	ケイム came	ドゥリンク「〜を飲<small>の</small>む」 drink	ドゥランク drank
イート eat「〜を食べる」	エイト ate	ゲット「〜を得<small>え</small>る」 get	ガ(ー)ット got
ゴウ go「行く」	ウェント went	ハヴ「〜を持っている」 have	ハッド had
ミート meet「〜に会う」	メット met	ラン「走る」 run	ラン ran
セイ say「〜を言う」	セッド said	テイク「〜を持っていく」 take	トゥック took

◆「〜しませんでした」の文

・動詞の前に did not を置きます。<small>ディッド ナ(ー)ット お</small>

・このとき，動詞は元の形で使<small>つか</small>います。

ヒー ディッド ナ(ー)ット ワ(ー)ッチ ティーヴィー らスト ナイト He did not watch TV last night.	「彼<small>かれ</small>は昨夜<small>さくや</small>，テレビを見ませんでした」
ぜイ ディッド ナ(ー)ット ゴウ トゥ ざ パーク らスト They did not go to the park last サタデイ Saturday.	「彼らはこの前の土曜日に公園に行きませんでした」

◆「～しましたか？」の文

・Did を主語の前に置いて，〈Did + 主語 + 動詞の元の形～？〉で表します。

・Did you ～？と聞かれた場合，「はい」は Yes, I did.，「いいえ」は No, I didn't. で答えます。

Did you meet Mr. Tanaka yesterday?	「あなたはきのう田中先生に会いましたか？」
— Yes, I did.	「はい，会いました」
— No, I didn't [did not].	「いいえ，会いませんでした」

No, I didn't. の didn't は did not を短くした形よ。

◆「何を～しましたか？」の文

・what「何」を使って，What did ～？で表します。

What did you have for lunch?	「あなたは昼食には何を食べましたか？」
— I had a sandwich.	「サンドイッチを食べました」

had は have の過去形です。

Can you ～?「～してくれますか？」
Can I ～?「～してもいいですか？」

キャン ユー クロウズ ざ ウィンドゥ
Can you close the window?
「窓を閉めてくれますか？」

175

キャン アイ テイク ア ピクチャ
Can I take a picture?
「写真をとってもいいですか？」

1.「～してくれますか？」と相手にお願いするときには，
キャン ユー
Can you ～? で表します。

キャン ユー クロウズ ざ ウィンドゥ
Can you close the window? ↗

「窓を閉めてくれますか？」

答え方の例
シュア オーる ライト オウケイ
Sure. / All right. / OK.「いいですよ」
アイム サ(ー)リィ バット アイ キャント
I'm sorry, but I can't.「すみませんが，できません」

2.「～してもいいですか？」と許可を求めるときには，
キャン アイ
Can I ～? で表します。

キャン アイ テイク ア ピクチャ
Can I take a picture? ↗

「写真をとってもいいですか？」

答え方の例
シュア オーる ライト オウケイ
Sure. / All right. / OK.「いいですよ」
ノウ ユー キャント
No, you can't.「いいえ，いけません」

「～しましょうか？」

Can I ～? 「～しましょうか？」

キャン アイ キャリィ ざ バッグ ふォ ユー
Can I carry the bag for you?

「あなたの代わりにかばんを運びましょうか？」

「～しましょうか？」と何かを申し出るときには，

Can I ～? で表します。

キャン アイキャリィ ざ バッグ ふォ ユー
Can I carry the bag for you? ↗「あなたの代わりにかばんを
運びましょうか？」

答え方の例	イェス プリーズ Yes, please. 「はい，お願いします」
	ノウ さンク ユー No, thank you. 「いいえ，けっこうです」

Can I carry the bag for you?

Yes, please.

Can I ～? は，許可を求めるときと，
申し出るときの両方に使えるんですね。

はい，そうです。
両方とも同じ形なんです。

10 いろいろな表現

まとめ

◆ 「〜してくれますか？」の文

・人にお願いをするときの表現で，Can you 〜？で表します。

<ruby>Can<rt>キャン</rt></ruby> <ruby>you<rt>ユー</rt></ruby> <ruby>help<rt>へるプ</rt></ruby> <ruby>me<rt>ミー</rt></ruby>? Can you help me?	「わたしを手伝ってくれますか？」
― <ruby>Sure<rt>シュア</rt></ruby>. / <ruby>All right<rt>オーるライト</rt></ruby>. / <ruby>OK<rt>オウケイ</rt></ruby>.	「いいですよ」
― <ruby>I'm sorry<rt>アイム サ(ー)リィ</rt></ruby>, <ruby>but<rt>バット</rt></ruby> <ruby>I can't<rt>アイキャント</rt></ruby>.	「すみませんが，できません」

◆ 「〜してもいいですか？」の文

・許可を求めるときの表現で，Can I 〜？で表します。

<ruby>Can<rt>キャン</rt></ruby> <ruby>I read<rt>アイリード</rt></ruby> <ruby>this<rt>ずィス</rt></ruby> <ruby>book<rt>ブック</rt></ruby>? Can I read this book?	「この本を読んでもいいですか？」
― Sure. / All right. / OK.	「いいですよ」
― <ruby>No<rt>ノウ</rt></ruby>, <ruby>you<rt>ユー</rt></ruby> <ruby>can't<rt>キャント</rt></ruby>.	「いいえ，いけません」

◆ 「〜しましょうか？」の文

・何かを申し出るときの表現で，Can I 〜？で表します。

<ruby>Can<rt>キャン</rt></ruby> <ruby>I open<rt>アイオウプン</rt></ruby> <ruby>the<rt>ざ</rt></ruby> <ruby>door<rt>ドー</rt></ruby>? Can I open the door?	「ドアを開けましょうか？」
― <ruby>Yes<rt>イェス</rt></ruby>, <ruby>please<rt>プリーズ</rt></ruby>.	「はい，お願いします」
― <ruby>No<rt>ノウ</rt></ruby>, <ruby>thank<rt>さンク</rt></ruby> <ruby>you<rt>ユー</rt></ruby>.	「いいえ，けっこうです」

> 「〜してもいいですか？」と「〜しましょうか？」は同じ Can I 〜？なんだね。

ものの数え方

名詞のなかには，単純に a 〜や two 〜などと表せないものもあります。そういった名詞はここでしょうかいする表現を使って表します。

表し方	意味	例 (1つのとき／2つ以上のとき)
... cup(s) of 〜	…杯の〜 （湯飲みやコーヒー，ティーカップなど）	a cup of coffee 1杯のコーヒー two cups of coffee 2杯のコーヒー
... glass(es) of 〜	…杯の〜 （コップ）	a glass of milk 1杯の牛乳 three glasses of milk 3杯の牛乳
... bowl(s) of 〜	…膳（杯）の〜 （茶わんやどんぶりなど）	a bowl of rice 1膳のごはん two bowls of rice 2膳のごはん
... bottle(s) of 〜	…びんの〜	a bottle of beer 1びんのビール five bottles of beer 5びんのビール
... slice(s) of 〜	…枚（切れ）の〜	a slice of bread 1枚のパン two slices of cheese 2切れのチーズ

... loaf of ～ ろうふ オヴ ※ 複数形は loaves。 ふくすう ろうヴズ	…かたまりの～	a loaf of bread ひとかたまりのパン two loaves of bread 2かたまりのパン
... piece(s) ピース(ィズ) [slice(s)] of ～ スライス(ィズ) オヴ	…切れの～	a piece [slice] of cake 1切れのケーキ two pieces [slices] of cake 2切れのケーキ
... sheet(s) of ～ シート[ツ] オヴ	…枚の～	a sheet of paper 1枚の紙 five sheets of paper 5枚の紙
... pair(s) of ～ ペア(ズ) オヴ	…組の～	a pair of shoes 1組のくつ two pairs of glasses 2組のめがね
... bar(s) of ～ バー(ズ) オヴ	…枚（個）の～	a bar of chocolate 1枚の板チョコ いた two bars of soap 2個のせっけん
... spoonful(s) of ～ スプーンふる(ズ) オヴ	…さじの～	a spoonful of sugar 1さじの砂糖 さとう two spoonfuls of sugar 2さじの砂糖

コーヒーや牛乳は液体で数え
えきたい
られないから，このような表
現をするんだね。

数の読み方

大きな数字や小数点や日付<ruby>付<rt>づけ</rt></ruby>などで使われる数字は，それぞれ読み方が決<ruby>決<rt>き</rt></ruby>まっています。

●**大きな数**…大きな数は３けたごとにコンマで<ruby>区切<rt>くぎ</rt></ruby>られています。数を読むときは，この３けたをひとかたまりに読んでいきます。

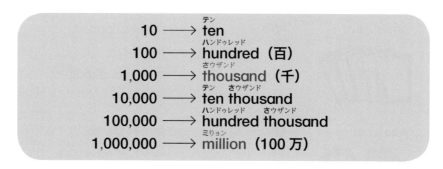

10	→	テン ten
100	→	ハンドゥレッド hundred（百）
1,000	→	さウザンド thousand（千）
10,000	→	テン　さウザンド ten thousand
100,000	→	ハンドゥレッド　さウザンド hundred thousand
1,000,000	→	ミリョン million（100万）

例)

読み方

ワン　ミリョン
one million,
すリー　ハンドゥレッド　トゥウェンティ　ふォー　さウザンド
three hundred twenty-four thousand,
セヴン　ハンドゥレッド　アンド　スィクスティ　ふァイヴ
seven hundred (and) sixty-five

合計 **1,324,765**

| million（100万） | thousand（千） |

●**小数点**…小数点は point と読み，小数点以下は１けたずつ読みます。
ナイン　ポイント　ふァイヴ　エイト
例) 9.58 = nine point five eight
ズィ(ア)ロウ　ポイント　ワン　ふォー　トゥー
　　0.142 = (zero) point one four two

●**分数**…分母は順番を表す数（third, fourth など）で読みます。

$$\frac{1}{3} = \begin{array}{l} 1 = \text{a [one]} \\ 3 = \text{third} \end{array}$$ a [one] third と読む

例）$\frac{1}{2}$ = a [one] half　$\frac{2}{3}$ = two thirds　$1\frac{3}{4}$ = one and three fourths

※分母が 2 のときは second ではなく half を使います。
　分子が 2 以上のときは分母に複数を表す s をつけます。

●**年**…ふつう 2 けたずつ区切って読みます。
　例）2016 = twenty sixteen （「20 と 16」と読む）／
　　　two thousand sixteen （「2016」と読む）

●**日付**…月の後，順番を表す数を使って読みます。
　例）5 月 7 日 = May (the) seventh ／ the seventh of May

●**時刻**
　例）

ten (o'clock)　　ten fifteen　　ten thirty ／ half past ten

※ちょうどのときは o'clock をつけてもかまいません。

●**電話番号**…数字を 1 つずつ読みます。
　例）03-1234-5067
　　= 0 three, one two three four, five 0 six seven
　※ 0 は「オウ」または「ズィ(ア)ロウ」と読みます。

ニックネーム

英語でも名前にはニックネームがあります。短くしただけのものが多いですが，なかには本名とはまったくちがうものもあります。

●男性

ニックネーム（読み方）	本名（読み方）
Alex（アれックス）	Alexander（アりグ**ザ**ンダァ）
Andy（**ア**ンディ）	Andrew（**ア**ンドゥルー）
Bill（**ビ**る）	William（**ウィ**りャム）
Bob（バ（ー）ッブ）	Robert（**ラ**（ー）バァト）
Dick（**ディ**ック） Rick（**リ**ック）	Richard（**リ**チャド）
Ed（**エ**ッド）	Edward（**エ**ドワド）
Jim（**ヂ**ム）	James（**ヂェ**イムズ）
Ken（**ケ**ン）	Kenneth（**ケ**ネス）
Mike（**マ**イク）	Michael（**マ**イケる）
Sam（**サ**ム）	Samuel（**サ**ミュ（エ）る）
Tom（**タ**（ー）ム）	Thomas（**タ**（ー）マス）
Tony（**ト**ウニィ）	Anthony（**ア**ンそニィ）

●女性

ニックネーム (読み方)	本名 (読み方)
Alex (ア**れ**ックス)	Alexandra (アり**グ ザ**ンドラ)
Andy (**ア**ンディ)	Andrea (**ア**ンドレア)
Annie (**ア**ニ)	Anna (**ア**ンナ)
Becky (**ベ**ッキィ)	Rebecca (リ**ベ**ッカ)
Beth (**べ**す) Liz (**り**ズ)	Elizabeth (イ**り**ザべす)
Cathy (**キャ**すィ)	Catherine (**キャ**さリン)
Judy (**ヂュ**ーディ)	Judith (**ヂュ**ーディす)
Kate (**ケ**イト)	Catherine / Katherine (**キャ**さリン)
Sue (**ス**ー)	Susan (**ス**ーズン)

●ニックネームのでき方

単に短くしたものの他_{ほか}, 音_にが似ていることからついたものもあります。

マーガレット
Margaret ──┬── **Meg** メグ　　a を e として短くしたもの

　　　　　　　　├── **Peg** ペグ　　M と P を発音_{はつおん}するときの口の開_{ひら}き方が
　　　　　　　　　　　　　　　　　　似ていることから

　　　　　　　　└── **Peg<u>gy</u>** ペギィ　Peg に「〜ちゃん」の意味の (g)y をつ
　　　　　　　　　　　　　　　　　　けたもの

同じ名前でもよび方が3通りもあるのね。

403

敬称・省略した形

●敬称

日本語の「〜さん」「〜先生」のように，英語でも，立場が上の人やあらたまった場面では，名字の前に決まったことば（敬称）をつけてよびます。

敬称（読み方）	意味	元のことば
Mr. (ミスタァ)	（男性に対して）〜さん，〜先生，〜氏	Mister
Mrs. (ミスィズ)	（結婚している女性に対して）〜さん，〜先生，〜夫人	Mistress
Miss (ミス)	（結婚していない女性に対して）〜さん，〜先生，〜嬢	Mistress
Ms. (ミズ)	（女性に対して）〜さん，〜先生	——
Dr. (ダ（ー）クタァ)	（医者・学者などに対して）〜先生，〜博士，〜博士	Doctor

Ms. は Mrs. と Miss を組み合わせてできた敬称です。女性が結婚しているかどうかわからないときや，その区別をしたくないときに使います。

Mr. Tanaka

●いろいろな省略した形

省略した形（読み方）	意味	元のことば
Mt. (マウント)	山	mountain
No. (ナンバァ)	〜番	number
St. (ストゥリート)	〜街	street
Ave. (アヴェヌー)	大通り，〜街	avenue

Mt. Fuji

●曜日の名前を省略した形

省略した形（読み方）	意味	曜日名
Sun.（サンデイ）	日曜日	Sunday
Mon.（マンデイ）	月曜日	Monday
Tue. / Tues.（トゥーズデイ）	火曜日	Tuesday
Wed.（ウェンズデイ）	水曜日	Wednesday
Thur. / Thurs.（さ～ズデイ）	木曜日	Thursday
Fri.（ふライデイ）	金曜日	Friday
Sat.（サタデイ）	土曜日	Saturday

●月の名前を省略した形

省略した形（読み方）	意味	月名
Jan.（ヂャニュエリィ）	1月	January
Feb.（ふェビュエリィ）	2月	February
Mar.（マーチ）	3月	March
Apr.（エイプリる）	4月	April
May（省略なし）（メイ）	5月	May
Jun.（ヂューン）	6月	June
Jul.（ヂュらイ）	7月	July
Aug.（オーガスト）	8月	August
Sept.（セプテンバァ）	9月	September
Oct.（ア（ー）クトウバァ）	10月	October
Nov.（ノウヴェンバァ）	11月	November
Dec.（ディセンバァ）	12月	December

省略した形なので，最後にピリオドをつけるのを忘れずに。

使い分けがまぎらわしいことば

日本語では同じことばで表すものでも，英語では場合によってよび方が変わるものがあります。

●客

guest
ゲスト
招待客，
（ホテルなどの）
宿はく客

customer
カスタマァ
店の客，得意先

passenger
パセンジャ
（列車，飛行機
などの）乗客

visitor
ヴィズィタァ
観光客，訪問客

●借りる

borrow
ボーロウ
（動かせるもの）を（無料で）借りる
※電話・トイレなどを借りるのは use。

rent
レント
（お金をはらって車・家など）を借りる
※「貸す」も rent という。

●見る

look (at 〜)
<ruby>ルック<rt></rt></ruby> <ruby>アト<rt></rt></ruby>

（自分から見ようと）（〜に）目を向ける

<ruby>ゼイ<rt></rt></ruby> <ruby>アー<rt></rt></ruby> <ruby>るッキング<rt></rt></ruby> <ruby>アト ざ<rt></rt></ruby> <ruby>キャメラ<rt></rt></ruby>
They are looking at the camera.
「彼女たちはそのカメラを見ています」

see
スィー

（自然に）〜が目に入ってくる

ユー キャン スィー マウント ふヂ ふラム ヒア
You can see Mt. Fuji from here.
「ここから富士山が見えます」

watch
ワ(ー)ッチ

（動いているものを）注意深く見る

ヒー イズ ワ(ー)ッチング ティーヴィー
He is watching TV.
「彼はテレビを見ています」

●かく

write
ライト

（文字）を書く

ライト ア れタァ
write a letter 「手紙を書く」

draw
ドゥロー

（ペンや絵筆で）（絵・図）をかく

ドゥロー ア サークる
draw a circle 「円をかく」

paint
ペイント

（絵の具で）（絵）をかく

ペイント ア ピクチャ
paint a picture 「絵をかく」

似た意味・反対の意味をもつことば

似たような意味や反対の意味をもつことばはセットで覚えましょう。

スタート　　ビギン
start / begin
エンド　　ふィニッシ
⇔ end / finish

「始まる」⇔「終わる」

ざ　ムーヴィ　スターツ　アットエイト
The movie starts at 8.
「その映画は 8 時に始まる」

ざ　ムーヴィ　エンズ　アット テン
The movie ends at 10.
「その映画は 10 時に終わる」

オウプン
open
クロウズ　　シャット
⇔ close / shut

「開ける」⇔「閉める」

オウプン　ざ　ドー
Open the door.
「ドアを開けてください」

クロウズ　ざ　ドー
Close the door.
「ドアを閉めてください」

ビッグ　　スモーる
big ⇔ small

「大きい」⇔「小さい」

ア　ビッグ　ド(ー)グ
a big dog
「大きな犬」

ア　スモーる　　キャット
a small cat
「小さなネコ」

ろ(ー)ング　　ショート
long ⇔ short

「長い」⇔「短い」

ア　ろ(ー)ング　ペンスる
a long pencil
「長いえんぴつ」

ア　ショート　　ペンスる
a short pencil
「短いえんぴつ」

トーる　　ショート
tall ⇔ short

「(背が) 高い」
⇔「(背が) 低い」

ア　トーる　トゥリー
a tall tree
「背の高い木」

ア　ショート　　トゥリー
a short tree
「背の低い木」

ハ(ー)ット　コウるド
hot ⇔ cold

「熱い，暑い」
⇔「冷たい，寒い」

イッツ　ハ(ー)ット　トゥデイ
It's hot today.
「きょうは暑いです」

イッツ　コウるド　トゥデイ
It's cold today.
「きょうは寒いです」

ふァスト　スろウ
fast ⇔ slow

「速い」⇔「おそい」

ア　ふァスト　ラナァ
a fast runner
「走るのが速い人」

ア　スろウ　ラナァ
a slow runner
「走るのがおそい人」

ア～りィ　れイト
early ⇔ late

「早い」⇔「おそい」

ア～りィ　モーニング
early morning
「早朝」

れイト　アト　ナイト
late at night
「夜おそく」

イーズィ
easy ⇔
ハード　ディふィクるト
hard / difficult

「簡単な」⇔「難しい」

アン　イーズィ　クウェスチョン
an easy question
「簡単な問題」

ア　ハード　クウェスチョン
a hard question
「難しい問題」

オウるド　ヌー
old ⇔ new

「古い」⇔「新しい」

アン　オウるド　カー
an old car
「古い車」

ア　ヌー　カー
a new car
「新しい車」

ドゥライ　ウェット
dry ⇔ wet

「かわいた」⇔「ぬれた」

ずィス　ティーシャ～ト　イズ　ドゥライ
This T-shirt is dry.
「このTシャツはかわいています」

ざット　ティーシャ～ト　イズ　ウェット
That T-shirt is wet.
「あのTシャツはぬれています」

不規則動詞の変化
<ruby>不<rt>ふ</rt></ruby><ruby>規<rt>き</rt></ruby><ruby>則<rt>そく</rt></ruby><ruby>動<rt>どう</rt></ruby><ruby>詞<rt>し</rt></ruby>の<ruby>変<rt>へん</rt></ruby><ruby>化<rt>か</rt></ruby>

動詞のなかには, -ed という形ではない過去形をもつものがあります。

元の形 (原形)	意味	過去形	ing 形
ビー be	～である, ～にいる	ワズ　ワ～ was, were	ビーイング being
ビカム become	～になる	ビケイム became	ビカミング becoming
ビギン begin	～を始める	ビギャン began	ビギニング beginning
ブリング bring	～を持ってくる	ブロート brought	ブリンギング bringing
ビるド build	～を建てる	ビるト built	ビるディング building
バイ buy	～を買う	ボート bought	バイイング buying
キャッチ catch	～をつかまえる	コート caught	キャッチング catching
カム come	来る	ケイム came	カミング coming
ドゥー do	～をする	ディッド did	ドゥイング doing
ドゥリンク drink	～を飲む	ドゥランク drank	ドゥリンキング drinking
ドゥライヴ drive	～を運転する	ドゥロウヴ drove	ドゥライヴィング driving
イート eat	～を食べる	エイト ate	イーティング eating
ふィーる feel	～を感じる	ふェるト felt	ふィーリング feeling
ふァインド find	～を見つける	ふァウンド found	ふァインディング finding

ゲット **get**	～を得る	ガ(ー)ット got	ゲッティング getting
ギヴ **give**	～をあたえる	ゲイヴ gave	ギヴィング giving
ゴゥ **go**	行く	ウェント went	ゴウィング going
グロウ **grow**	せいちょう 成長する	グルー grew	グロウイング growing
ハヴ **have**	～を持っている	ハッド had	ハヴィング having
ヒア **hear**	～を聞く	ハ～ド heard	ヒアリング hearing
キープ **keep**	～を持ち続ける	ケプト kept	キーピング keeping
ノウ **know**	～を知っている	ヌー knew	ノウイング knowing
リーヴ **leave**	しゅっぱつ ～を出発する	れふト left	リーヴィング leaving
メイク **make**	～を作る	メイド made	メイキング making
ミート **meet**	～に会う	メット met	ミーティング meeting
ラン **run**	走る	ラン ran	ラニング running
セイ **say**	～を言う	セッド said	セイイング saying
スィー **see**	～を見る	ソー saw	スィーイング seeing
せる **sell**	～を売る	ソウるド sold	セりング selling
センド **send**	～を送る	セント sent	センディング sending
スィング **sing**	～を歌う	サング sang	スィンギング singing
スィット **sit**	すわ 座る	サット sat	スィッティング sitting

スリープ sleep	眠る	スレプト slept	スリーピング sleeping
スピーク speak	話す	スポウク spoke	スピーキング speaking
スタンド stand	立つ	ストゥッド stood	スタンディング standing
スウィム swim	泳ぐ	スワム swam	スウィミング swimming
テイク take	～を持っていく	トゥック took	テイキング taking
ティーチ teach	～を教える	トート taught	ティーチング teaching
テる tell	～を話す，知らせる	トゥるド told	テリング telling
すィンク think	～を思う	そート thought	すィンキング thinking
アンダスタンド understand	～を理解する	アンダストゥッド understood	アンダスタンディング understanding
ライト write	～を書く	ロウト wrote	ライティング writing

●原形と過去形が同じ形のもの

元の形（原形）	意味	過去形	ing 形
カット cut	～を切る	カット cut	カッティング cutting
プット put	～を置く	プット put	プッティング putting
リード read	～を読む	レッド read	リーディング reading

動詞ごとにちがうので，1つ
ずつ覚えていってください。

えー…。

412

音の変化

176

2語以上のまとまった英語を聞くとき，うまく聞き取れないことがあります。英語では必ずしも単語を1つ1つ発音しているわけではなく，連続して発音するので，音が変化することがあるからです。

●消える音

p, b, k, t, d, g などの文字で終わる語では，その音がはっきり発音されないことがあります。

グッ✕モーニング
Good morning.
「おはよう」

スィッ✕ダウン
Sit down.
「座りなさい」

●つながる音

「ア，イ，ウ，エ，オ」のような音を母音，それ以外の音を子音といいます。子音で終わる語の後に母音で始まる語が続くと，音がつながって聞こえることがあります。

アナプる
an apple
「リンゴ1個」

るッカット　ザット
Look at that.
「あれを見て」

ヂャスタ　モウメント
Just a moment.
「ちょっと待ってください」

●変わる音

t や d などの文字で終わる語の後に y の文字で始まる語が続くと，別の音になることがあります。

ミーチュー
meet you
「あなたに会う」

ウッヂュー
Would you ～?
「～してくれませんか?」

標識，案内・表示

日本と同じように，外国でも町中でさまざまな標識や案内・表示を見ることができます。

●交通標識

No Parking
「駐車禁止」

NO PARKING

Stop
「止まれ」

STOP

Speed Limit 40
「速度制限時速 40 マイル」

（※ 40 マイル＝時速 64.37km）

SPEED LIMIT 40

One Way
「一方通行」

ONE WAY

Keep Right
「右側通行」

KEEP RIGHT

Do Not Enter
「進入禁止」

DO NOT ENTER

SPEED LIMIT 40

STOP

●建物の中などで見られる案内や表示

^{たてもの}

ノウ　ふォウトウズ
No Photos /
ノウ　ピクチャズ
No Pictures

「さつえい禁止」

アウト　オヴ　オーダァ
Out of Order

「故障中」
^{こ しょう}

インふォメイション
Information

「案内所
^{じょ}
（インフォメーション）」

イマ〜ヂェンスィ
Emergency
エグズィット
Exit

「非常口」
^{ひ じょう}

ウェット　ペイント
Wet Paint

「ペンキぬりたて」

レストルーム
Restroom

「トイレ」

エれヴェイタァ
Elevator

「エレベーター」

ステアズ
Stairs

「階段」
^{かいだん}

415

英語にも，日本のことわざの意味によく似たものがあります。

・急がば回れ

Haste makes waste.

（急ぐとむだが生じる）

・一石二鳥

Kill two birds with one stone.

（1つの石で2羽の鳥を殺す）

・光陰矢のごとし

Time flies.

（時間は飛ぶように過ぎる）

・郷に入っては郷に従え

When in Rome, do as the Romans do.

（ローマにいるときは，ローマ人がするようにしなさい）

・習うより慣れろ

Practice makes perfect.

（練習は完ぺきをもたらす）

・花より団子

ブレッド　　イズ　ベタァ　　　ざン　　　ざ　　　ソ(ー)ングズ　アヴ　バ〜ズ
Bread is better than the songs of birds.

（鳥の歌よりもパンの方がよい）

・早起きは三文の得

ずィ　　ア〜リィ　　バ〜ド　キャッチズ　　ざ
The early bird catches the
ワ〜ム
worm.

（早起きの鳥は虫をつかまえる）

・百聞は一見に如かず

スィーイング　　イズ　びりーヴィング
Seeing is believing.

（見ることは信じることである）

・覆水盆に返らず

ぜア　　　　イズ　ノウ　ユース　クライイング　オウヴァ
There is no use crying over
スピるト　ミるク
spilt milk.

（こぼれたミルクをなげいてもむだである）

・まさかの友は真の友

ア　ふレンド　　　イン　ニード　　イズ　ア　ふレンド
A friend in need is a friend
インディード
indeed.

（必要なときの友人は本当の友人である）

カタカナ語

日本語の会話や文章のなかではカタカナ語がよく使われます。ただし，発音やアクセントが英語とはちがうものもあるので注意してください。付属の音声で発音を確認してみましょう。

●発音が英語と日本語で大きくちがうもの

セーター		ラジオ	
スウェタァ **sweater**		レイディオウ **radio**	
[swétər]		[réidiou]	

エネルギー		ビタミン	
エナヂィ **energy**		ヴァイタミン **vitamin**	
[énərdʒi]		[váitəmin]	

●アクセントが英語と日本語で大きくちがうもの

※文字が赤の部分を強く読みます。

チョコレート		カレンダー	
チョークレット **chocolate**		キャれンダァ **calendar**	
[tʃɔ́ːklət]		[kǽləndər]	

発音が合っていても，アクセントがちがうと外国人には伝わらないことがあるよ。

418

オレンジ

オ(ー)レンヂ
orange

[ɔ́(:)rindʒ]

インターネット

インタァネット
Internet

[íntərnet]

バイオリン

ヴァイオリン
violin

[vàiəlín]

ピアノ

ピアノウ
piano

[piǽnou]

●発音・アクセントが共に英語と日本語で大きくちがうもの

※文字が赤の部分を強く読みます。

バケツ

バケット
bucket

[bʌ́kət]

ヨーグルト

ヨウガト
yogurt

[jóugərt]

●略されて使われているカタカナ語

スーパー

スーパマーケット
supermarket

[súːpərmàːrkət]

リモコン

リモウト　　コントゥロウる
remote control

[rimòut kəntróul]

419

和製英語
わ せい えい ご

179

日本語には英語のようなカタカナ語がたくさんありますが，なかには英語とはちがう意味だったり，意味が通じなかったりするものがあります。このような語を和製英語といいます。

エアコン

エア
air
コンディショナァ
conditioner

ガソリンスタンド

ギャス　ステイション
gas station

キーホルダー

キー　チェイン
key chain /
キー　リング
key ring

キャッチボール

キャッチ
catch

※「キャッチボールをする」は play catch という。
　　　　　　　 プレイ　キャッチ

コンセント

アウトれット
outlet

サインペン

マーカァ
marker

サラリーマン

ア(ー)ふィス　ワ〜カァ
office worker

※英語の salary は「給料」という意味。
　　　　　 さらりィ　　　きゅうりょう

シャープペンシル

メキャニカる
mechanical
ペンスる
pencil

（野球の）ナイター

ナイト ゲイム
night game

（車の）ハンドル

スティ(ア)リング
steering
(フ)ウィーる
wheel

フライドポテト

ふれんち ふライズ
French fries

プリント

ハンダウト
handout

※英語の print は
「印刷する」という意味。

ノート

ノウトブック
notebook

※英語の note は
「メモ」という意味。

ホッチキス

ステイプらァ
stapler

※「ホッチキス」は
発明した人の名前。

マンション

アパートメント ハウス
apartment house

※英語の mansion は
「大きな屋敷」のこと。

電子レンジ

マイクロウェイヴ アヴン
microwave oven

※英語の range は
「ガスコンロ」と
いう意味。

ジェスチャー

ジェスチャーにはいろいろありますが，日本ではあまり使われないものや，日本とは表し方がちがうものがあります。

●日本ではあまり使われないもの

「いいよ」 **オウケイ O.K.**	「よし」 **グッド Good.**	「だめ」 **バッド Bad.**

親指と人さし指で輪を作る	こぶしをにぎって親指を立てる	こぶしをにぎって親指を下に向ける

「うまくいきますように」 **グッド らック Good luck.**	「わかりません」 **アイドウント ノウ I don't know.**	「（〜が）…と言いました」 **セッド 〜 said "…"**

人さし指と中指をクロスする ※背中でこれをすると「うそをついている」という意味です。	肩をすくめる ※「興味がない」などを表すこともあります。	両指をチョキにして，指先を折りまげる ※" "（ダブルクォーテーション）マークを表しています。

●日本とは表し方がちがうもの

「わたし?」と自分をさすとき

鼻をさす　　　　　胸をさす

アメリカでは自分の魂が胸のところにあると考えられているので，自分をさすときは胸をさします。

「こっちに来て」と人を呼ぶとき

手のひらが下　　　手のひらが上

アメリカでは手のひらを上に向けて指を動かします。日本の「おいでおいで」は「向こうへ行け」の意味にとられることがあります。

初めて会う人にあいさつするとき

おじぎをする　　　あくしゅをする

日本ではおじぎをしますが，アメリカでは，右手をさし出してあくしゅをします。

日本と同じにすると，自分の伝えたいこととちがう意味にとられることもあるので，注意しましょう。

たし算，ひき算，かけ算，わり算

算数の式（しき）の英語（えいご）の言い方を見てみましょう。

・＝：**equal** イークウォる 「等（ひと）しい，イコール」

※式で使うときは equals と最後（さいご）に s がつきます。

たし算

・＋：**plus, and** プらス アンド 「たす」

例）　2　　　＋　　　7　　　＝　　　9

トゥー　プらス　セヴン　イークウォるズ　ナイン
Two plus seven equals nine. 「2たす7は9」

[別（べつ）の言い方] トゥー　アンド　セヴン　メイクス　ナイン
Two and seven makes nine.

ひき算

・－：**minus, subtract** マイナス　サブトゥラクト 「ひく」

例）　4　　　－　　　3　　　＝　　　1

ふォー　マイナス　すリー　イークウォるズ　ワン
Four minus three equals one. 「4ひく3は1」

[別の言い方] すリー　サブトゥラクティッド　ふラム　ふォー　イズ　ワン
Three subtracted from four is one.

かけ算

・×：**multiply**「かける」
（マるティプらイ）

例） 8　　　×　　　2　　=　　16

Eight multiplied by two equals sixteen.
（エイト　マるティプらイド　バイ　トゥー　イークウォるズ　スィクスティーン）

「8かける2は16」

［別の言い方］ **Eight times two makes sixteen.**
（エイト　タイムズ　トゥー　メイクス　スィクスティーン）

> multiplied by の by は「～によって」という意味です。「～によってかける」ということ。

わり算

・÷：**divide**「わる」
（ディヴァイド）

例） 30　　　÷　　　6　　=　　5

Thirty divided by six equals five.「30わる6は5」
（さ～ティ　ディヴァイディッド　バイ　スィックス　イークウォるズ　ふァイヴ）

●長い式の言い方

例）　7×4÷2＝14

Seven multiplied by four / divided by two /
（セヴン　マるティプらイド　バイ　ふォー　ディヴァイディッド　バイ　トゥー）

equals fourteen.　「7かける4わる2は14」
（イークウォるズ　ふォーティーン）

> / のところで区切って読むといいわよ。

単位
たん い

長さや重さの単位は日本とアメリカで同じものもありますが，ちがう単位が使われているものもあります。

●長さの単位

単位	意味（略号）い み りゃくごう
millimeter ミリミータァ	ミリメートル (mm)
centimeter センティミータァ	センチメートル (cm)
meter ミータァ	メートル (m)
kilometer キら(ー)メタァ	キロメートル (km)
inch インチ	インチ (in.) [1 inch = 2.54cm]
foot (単数)ふット / feet (複数)ふィート ふくすう	フット / フィート (ft.) [1 feet = 30.48cm]
yard ヤード	ヤード (y./yd./yds.(複数)) [1 yard = 91.44cm]

4m ＝約 13.1ft.

140cm ＝約 4.6ft.

●重さの単位

単位	意味（略号）
milligram ミリグラム	ミリグラム (mg)
gram グラム	グラム (g)
kilogram キろグラム	キログラム (kg)
ounce アウンス	オンス (oz)［＝約 28g］
pound パウンド	ポンド (lbs/lb)［＝約 454g］

アメリカではインチやフィート，オンスやポンドが使われているんだね。

426

通貨

アメリカではお金の単位としてドル（dollar）が使われています。

●**硬貨**…主に 1，5，10，25 セントの 4 種類のコインが使われています。それぞれのコインにはよび名がついています。50 セントや 1 ドル硬貨もありますが，あまり使われていません。

※（ ）内は呼び名

1 cent
（penny「ペニー」）

5 cents
（nickel「ニッケル」）

10 cents
（dime「ダイム」）

25 cents
（quarter「クォーター」）

●**紙幣**…1，2，5，10，20，50，100 ドルのお札がありますが，100 ドル札はあまり見かけないようです。大きさはどれも同じで，表にはアメリカ合衆国の偉人がデザインされています。

※ 2016 年 3 月現在。（ ）内は人物名

1 dollar （George Washington
「ジョージ・ワシントン」初代アメリカ合衆国大統領）

2 dollars （Thomas Jefferson
「トーマス・ジェファソン」第 3 代アメリカ合衆国大統領）

5 dollars （Abraham Lincoln
「アブラハム・リンカーン」第 16 代アメリカ合衆国大統領）

10 dollars （Alexander Hamilton
「アレクサンダー・ハミルトン」初代アメリカ合衆国財務長官）

20 dollars （Andrew Jackson
「アンドルー・ジャクソン」第 7 代アメリカ合衆国大統領）

英和辞書の引き方

英語で意味を知りたいことば（単語）は，英和辞書を使って調べることができます。英和辞書の引き方を見ていきましょう。

playという単語を，英和辞書で引いてみましょう。

※『マイスタディ英和辞典』旺文社

●辞書の引き方

例）I play soccer. の play を英和辞書で調べるとき

①辞書で play がのっているページを探す

辞書では，単語（見出し語）はアルファベット順に並んでいます。

まず，辞書の横の面に印刷されているアルファベットから p のページを探します。p のページを見つけたら，

次に 2 文字目の l，3 文字目の a と探していきます。

> 探すはんいをだんだんせばめていけばいいんだね。

②品詞を見る

単語の意味は品詞ごとに分かれています。play には動詞「遊ぶ，〜をする」と名詞「遊び」の意味があるようです。

※品詞とは，「〜する」などの動作を表す動詞（動）や，人や物事の名前を表す名詞（名）などをいいます。

> I play soccer. の playは動詞です。
> 動のところを見ましょう。

③意味を見る

いくつか意味があるときは，意味といっしょにのっている用例を参考にして，文に合う意味を選びます。

⇒この play は「〔競技・ゲームなど〕をする」の意味だとわかります。

> 用例の I often *play* tennis after school. と
> 形が似ているね。

429

Ｅメールの書き方

Ｅメールを使うと，外国に住む人とでもすばやく簡単にやりとりすることができます。英語でのＥメールの書き方を見てみましょう。

❶件名
本文の内容がわかるようなタイトルをつけます。

❷初めのあいさつ
Hi「やあ」や Dear「…様」などのことばと相手の名前を書きます。

Hi は親しい人にあてて書くときに使います。

❸本文

次のような出だしのことばに続けて本文を書きます。

例) ハウ アー ユー ドゥーイング ハウズ エヴリィスィング
How are you doing? / How's everything?「調子はどうですか？」
サンクス フォー ユア イーメイる
Thanks for your e-mail.「メールをありがとう」
アイ チャスト ワ(ー)ンティッド トゥ セイ へろウ
I just wanted to say hello.「ちょっとメールしてみました」

❹結びのことば

例) バイ フォー ナウ スィー ユー スーン
Bye for now.「じゃあね」 / **See you (soon).**「またね」
テイク ケア
Take care!「お元気で！」
アイ ホウプ トゥ ヒア ふラム ユー スーン
I hope to hear from you (soon).「メール待っています」

●顔文字

英語のメールでも顔文字を使うことがあります。

意味	日本語	英語	意味	日本語	英語
笑う	(^_^)	:-)	泣く	(;_;)	:'(
おこる	(｀Д´)	>:-(	おどろく	(°□°)	:-O
悲しむ	(>_<)	:-(	ウインク	(^_-)	;-)

英語の顔文字は横向きにして見るとわかるね。

●略語

英語のメールでは略語もよく使われます。

例) アズ スーン アズ パ(ー)スィブる
ASAP「できるだけ早く」（= as soon as possible）
スィー ユー れイタァ
CUL「またね」（= See you later.）
バイ ざ ウェイ
BTW「ところで」（= by the way）
アイ スィー
IC「わかった」（= I see.）

頭文字をとったり，音が似ているアルファベットに置きかえたりしているんだね。

手紙の書き方

英語で手紙を書くときには、いくつかの決まりがあります。英語の手紙の書き方を見てみましょう。

●手紙（びんせん）

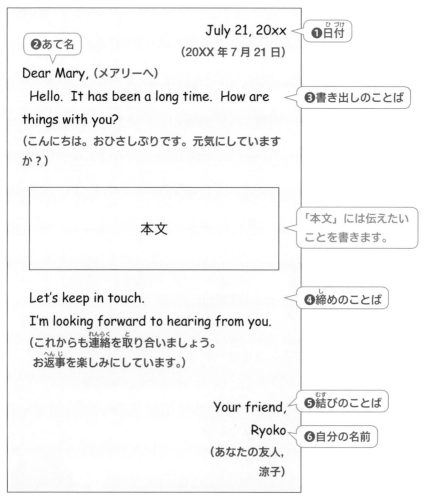

July 21, 20xx ◀ ❶日付
(20XX 年 7 月 21 日)

❷あて名

Dear Mary, (メアリーへ)

Hello. It has been a long time. How are ◀ ❸書き出しのことば
things with you?
(こんにちは。おひさしぶりです。元気にしています
か？)

本文　　　　　　　　　◀ 「本文」には伝えたいことを書きます。

Let's keep in touch. ◀ ❹締めのことば
I'm looking forward to hearing from you.
(これからも連絡を取り合いましょう。
　お返事を楽しみにしています。)

Your friend, ◀ ❺結びのことば
Ryoko ◀ ❻自分の名前
(あなたの友人，
　涼子)

432

❶日付

日本とちがって，アメリカ式では，月→日→年の順で書きます。

❷あて名

友人などは Dear と名前，年上の人などには Dear に Mr. や Ms. をつけて名字を書きます。

❸書き出しのことば

例）It has been a long time.「おひさしぶりです」

How are you (doing)? / How are things with you?

「お元気ですか？」

Thank you for your letter.「お手紙をありがとう」

❹締めのことば

例）Let's keep in touch.「これからも連絡を取り合いましょう」

I hope to see you soon.「すぐにでもお会いしたいです」

I'm looking forward to hearing from you.

「お返事を楽しみにしています」

❺結びのことば

例）Sincerely (yours), / Yours sincerely, / Regards,「敬具」

With love,「愛をこめて」

Your friend,「あなたの友人」

Best wishes,「ご多幸をおいのりします」

結びのことばの最後はコンマがつくのね。

❻自分の名前

最後に自分の名前を手書きで書きます。

●**封筒**

```
┌ Kikuchi Ryoko        菊池涼子（自分の名前）          ┌─────┐
│                                                      │     │
│ 3-2-1 Teramachi      寺町 3-2-1（町名，番地）         │ 切手 │
│                                                      │     │
│ Shinjuku-ku, Tokyo   東京都新宿区（都道府県，市区町村）│     │
│                                                      └─────┘
└ 160-0001 JAPAN       160-0001 日本（郵便番号，国名）
  ❶

              ┌ Ms. Mary White      メアリー・ホワイト様（相手の名前）
              │
        ❷ ──▶│ 27 Market Street    マーケット通り 27（通り，番地）
              │
              │ San Francisco, California 94102
              │
              └ U.S.A.   カリフォルニア州サンフランシスコ

                        94102 アメリカ合衆国（市，州，郵便番号，国名）

   AIR MAIL ── ❸
```

❶ 手紙を送る人の名前と住所

　自分の名前を最初に書きます。

　住所は，次の順に書きます。

　　アパート名，番地・通り，町名

　　市区町村→都道府県

　　郵便番号→国名

❷ 相手の名前と住所

　相手の名前を先に書きます。名前の前に
「様」にあたる Mr. / Ms. などをつけます。

　住所は，次の順に書きます。

　　アパート名，番地・通り，町名

　　市，州，郵便番号

　　国名

▼ 日本の封筒

住所の書き方は日本と順番が逆なんだね。

❸ AIR MAIL

航空便の場合は AIR MAIL と書きます。

434

メッセージカードの書き方

メッセージカードには，感謝の気持ちを表すサンキューカードやバースデーカードなどがあります。

●サンキューカード

Dear Ryoko, (涼子へ) ← **❶あて名**

Thank you! (ありがとう！) ← **❷メッセージ**

I was very happy to receive the lovely gift!

（すてきなプレゼントをもらってとてもうれしかったです）

（あなたの友人，） Your friend, ← **❸締めのことばと自分の名前**

（健） Ken

❶あて名

カードを送る相手の名前を書きます。

例）Dear Ryoko, 「涼子へ」
Dear Ms. Davis, 「デイビス先生へ」

❷メッセージ

サンキューカードでは，お礼のことばを書きます。

例）Thank you for your present.「プレゼントをありがとう」
Thank you for your help.「お手伝いありがとう」
Thank you for inviting me.「お招きありがとうございます」
I really like it.「とても気に入りました」

❸締めのことばと自分の名前

　手紙などと同様に，最後に締めのことばと自分の名前を書きます。

例） Your friend,「あなたの友人」

　　 Love,「愛をこめて」

●バースデーカード

Dear Kazu,（カズへ）

Happy Birthday!

（お誕生日おめでとう！）

（愛をこめて，）　Love,

（リサ）　Lisa

●カードで使えるお祝いのことば

例） Congratulations!「おめでとう！」

　　 Happy birthday to you!「お誕生日おめでとう！」

　　 Happy Halloween!「ハロウィーンおめでとう！」

　　 Merry Christmas!「メリークリスマス！」

　　 Happy New Year!「あけましておめでとう！」

　　 Happy Valentine's Day!「バレンタインおめでとう！」

●カードで使えるその他のメッセージ

例） Best wishes for the New Year.「よいお年を」

　　 Happy holidays!「楽しい休暇を！」

　　 Good job. / Well done.「よくやったね」

　　 I hope you get well soon.「早くよくなってね」

436

日記の書き方

英語での日記の書き方を見ていきましょう。

●日記の例

Date: April 12, 20XX ❶日付

（日付：20XX 年 4 月 12 日）

Weather: Sunny ❷天気

（天気：晴れ）

❸初めのことば

Dear Diary,（日記さん）

本文

Good night, dear Diary!（おやすみ，日記さん！）❹終わりのことば

❶日付
　アメリカ式では，月→日→年の順で書きます。

日記を英語で書くと，英語の勉強にもなりますよ。

❷天気
　その日の天気を書くこともあります。
　例）sunny「晴れ」，rainy「雨降り」，cloudy「くもり」

❸初めのことば
　英語では，Dear Diary「日記さん」などと，だれかに伝えるつもりで書くこともあります。もちろんなくてもかまいません。

❹終わりのことば
　最後に Good night「おやすみなさい」と書くこともあります。

じゃんけん, あっちむいてほい

日本でのじゃんけんは,「グー」「チョキ」「パー」ですが, 英語のじゃんけんは, rock [stone]「岩（石）」, scissors「はさみ」, paper「紙」で表します。

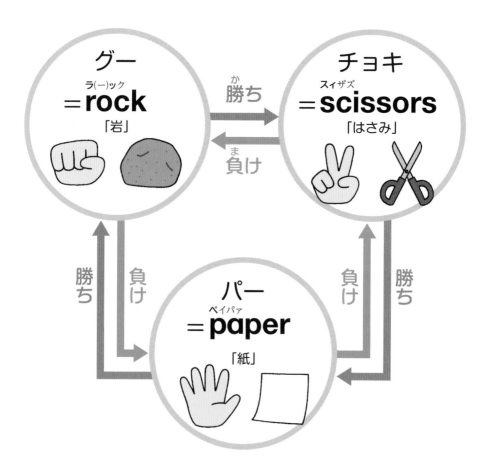

ゲームの流れ

① 「じゃんけんぽん！」
ラ(ー)ック　ペイパァ　スィザズ　シュート
"Rock, paper, scissors, shoot!"

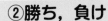

② 勝ち，負け ← 「あいこでしょ！」
ラ(ー)ック　ペイパァ　スィザズ　シュート
"Rock, paper, scissors, shoot!"
（※「じゃんけんぽん」と同じ）

③ 「あっちむいてほい！」

じゃんけんに勝った人が負けた人に上・下・左・右のどこかをかけ声といっしょに指さします。指をさした方向と向いた方向が同じだと指をさした方の勝ちです。同じでない場合はもう一度①にもどってくり返します。

「あっちむいて左！」
るック　トゥ　ざ　れフト
"Look to the left!"

「あっちむいて右！」
るック　トゥ　ざ　ライト
"Look to the right!"

「あっちむいて上！」
るック　トゥ　ざ　スカイ
"Look to the sky!"
（※室内のときは "Look to the ceiling!"）

「あっちむいて下！」
るック　トゥ　ざ　グラウンド
"Look to the ground!"
（※室内のときは "Look to the floor!"）

スィーりング
ceiling は「天じょう」，
ふろー
floor は「ゆか」という
意味ですよ。

439

ワードチェーン （しりとり）

「ワードチェーン」とは日本語で「しりとり」のようなゲームのこと
です。

ゲームのあそび方

日本のしりとりと同じように，前の人が言ったことばの最後の1文
字で始まることばを言っていきます。

・同じことばをくり返してはいけません。
・使っていいのは英語のことばのみです。
・TV（テレビ）などのように略したことばは使えません。

日本語のしりとり

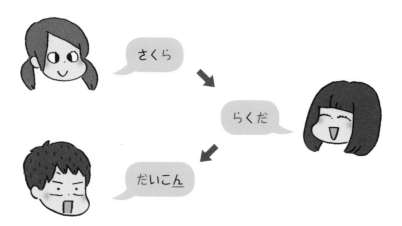

さくら

らくだ

だいこん

日本語のしりとりのように「ん」で終わったら負
けのようなルールはないので，安心してください。

ゲームの流れ

①最初の人が好きなことばを1つ言います。
"school"「学校」

②次の人は，school の "l" で始まることばを言います。
"lion"「ライオン」

③同じように，次の人は lion の "n" で始まることば
を言います。
"notebook"「ノート」

ことばを続けられなかった人が負けです。

ゲームになれてきたら，いろいろなルールを加えてみましょう。もっとおもしろくなります。

・ことばのジャンルを決める
例）動物，食べ物，学校に関係するものなど

cat → turtle → elephant →…
「ネコ」 「カメ」 「ゾウ」

・ことばの文字数を決める
例）3文字のことば

dog → get → top →…
「犬」 「~を得る」 「頂上」

441

スパイゲーム

「スパイゲーム」（I spy with my little eye）は，スパイになった人が
考えているものが何なのかを当てるゲームです。

ゲームの流れ

①スパイになる人を1人選びます。

スパイ

②スパイの人は部屋の中にあるものを1つ選びます。

③スパイはみんなにその物のヒントを言います。下の＿＿＿には，「色の名前」や「物の形」などを入れます。

I spy with my little eye something that is <u>blue</u>.
「<u>青い</u>ものを見つけた！」

ヒントで使えることばの例

・色の名前

red「赤」　**blue**「青」　**yellow**「黄色」　**black**「黒」
white「白」　**brown**「茶色」　**green**「緑」

・物の形

round「丸い」　**square**「四角」　**triangle**「三角」

④他の人たちは，スパイが見つけたものを部屋の中で探します。

⑤これだと思ったら，その物の名前を英語で言います。スパイは当たっていたら **Yes**，ちがっていたら **No** と言います。当たったら，その人の勝ちになります。

A blue pillow?
「青いまくら？」

No!

A blue pencil case?
「青い筆ばこ？」

Yes!

⑥当てた人が，今度は次のスパイになります。

サイモン セッズ

「サイモン セッズ」（Simon^{サイモン} says^{セッズ}）は，アメリカなどでよく知られているゲームです。サイモンは人の名前で，Simon says は「サイモンは言います」という意味です。

ゲームのあそび方

・サイモン役^{やく}の人がみんなに命令^{めいれい}をします。
・他^{ほか}の人はサイモンが命令の最初^{さいしょ}に Simon says と言ったときだけ，命令通りのことをします。
・Simon says で始^{はじ}まらない命令にしたがってしまった人は負^まけです。

ゲームの流^{なが}れ

①サイモン役の人を１人選^{えら}びます。

サイモン

↓

②サイモンが命令を言います。

命令が Simon says で始まるとき…

Simon^{サイモン} says^{セッズ}, "touch^{タッチ} your^{ユア} head^{ヘッド}."
「サイモンは言います『頭をさわって』」

※みんな命令通りのことをしているので OK。

命令が Simon says で始まらないとき…

レイズ ユア ハンド
Raise your hand.
「手をあげてください」

※命令にしたがってしまったカズの負け。

サイモンの命令で使（つか）えるもの

タッチ ユア ノウズ
Touch your nose. 「鼻（はな）をさわりなさい」

ヂャンプ イン ずィ エア
Jump in the air. 「空中にジャンプしなさい」

クラップ ユア ハンズ
Clap your hands. 「手をたたきなさい」

スタンド アップ
Stand up. 「立ちなさい」

スィット ダウン
Sit down. 「座（すわ）りなさい」

445

ドウント セイ 21

「ドウント セイ 21」（Don't say 21）は，1 〜 21 までの数を順番に言い，21 を言った人が負けとなるゲームです。Don't say 21 は「21 を言ってはいけません」という意味です。

ゲームのあそび方

・英語で 1 〜 21 まで数を順番に数えていきます。

・1 人 1 〜 3 個までの数字を 1 回に言うことができます。

・最後に 21 を言うことになってしまった人が負けです。

まずは，1 〜 21 の数字を言えるようにしましょう。

1 〜 21 までの数字

	ワン			イれヴン
1	one		11	eleven
	トゥー			トゥウェるヴ
2	two		12	twelve
	スリー			さ〜ティーン
3	three		13	thirteen
	ふォー			ふォーティーン
4	four		14	fourteen
	ふァイヴ			ふィふティーン
5	five		15	fifteen
	スィックス			スィックスティーン
6	six		16	sixteen
	セヴン			セヴンティーン
7	seven		17	seventeen
	エイト			エイティーン
8	eight		18	eighteen
	ナイン			ナインティーン
9	nine		19	nineteen
	テン			トゥウェンティ
10	ten		20	twenty
				トゥウェンティ　ワン
			✕ 21	twenty-one

446

ゲームの流れ

1周目

2周目

「21」と言った涼子の負けです。

連想ゲーム

連想ゲームは，人の言ったことばをもとに，どんどんことばを連想
していくゲームです。

ゲームのあそび方

・最初の人がことばを1つ言います。

・次の人は前の人が言ったことばから連想することばを言います。

・同じことばをくり返したり，言えなかったりした人は，ゲームか
ら脱落します。

・最後まで残っている人が勝ちです。

ゲームの流れ

① 1人目の人が好きなことばを1つ言います。

Red.「赤」

**②次の人は，最初の人が言った Red から連想するこ
とばを言います。**

 Rose.「バラ」

③次の人は，前の人が言った Rose から連想すること
ばを言います。これを順番に続けていきます。

プレズント
Present.「プレゼント」

 バ〜すデイ
Birthday.「誕生日」

④同じことばをくり返したり，言えなかったりした人
は脱落です。最後の１人になった人が勝ちです。

 テーマを決めておいてもおもしろそうですね。

Aで始まることばなど，最初の文字を
決めておくのもいいですよ。

449

物当てゲーム

「物当てゲーム」（Guess the object）は，20 の質問で，物の正体を当てていくゲームです。

ゲームのあそび方

・「動物」「フルーツ」などのジャンルを決めます。

・クイズを出す人１人がジャンルの中からある物を１つ思いうかべます。

・他の人たちは順番に 20 の質問をしていき，それが何かを当てます。

・質問は Yes「はい」または No「いいえ」で答えられるものだけです。

クイズを
出す人

質問をして答えを当てる人

質問の例

Is it small?「それは小さいですか？」

Is it big?「それは大きいですか？」

Is it brown?「それは茶色いですか？」

Is it white?「それは白いですか？」

Can it fly?「それは飛べますか？」

Can it swim?「それは泳げますか？」

Does it have a long neck?

「それは長い首を持っていますか？」

ゲームの流れ

① 1 人が選んだジャンルを言います。

It's an animal.「それは動物です」

②順番に質問をしていきます。
質問には Yes または No で答えます。

Is it small?「それは小さいですか?」

No.「いいえ」

Is it brown?「それは茶色いですか?」

Yes.「はい」

451

Can it run fast? 「それは速く走れますか？」
キャン イット ラン ふァスト

Yes. 「はい」
イェス

③答えがわかったら，答えを直接聞いてみましょう。

Is it a lion?
イズ イット ア らイオン
「それはライオンですか？」

No. 「いいえ」
ノウ

Is it a horse?
イズ イット ア ホース
「それは馬ですか？」

Yes! 「はい！」
イェス

452

ゲーム⑧

フィンガーズ アウト

フィンガーズ アウト (Fingers out) は, 指を使った数字のゲームです。
一瞬の判断が必要です。

ゲームの流れ

① 向かい合って座ります。

② one, two, three の合図で, 1本から3本の指を出
し合います。そのとき, おたがいが出す指の合計
を同時に言い合います。

2！

4！

③ それぞれの指をたして, 合計を当てた方の勝ちとな
ります。

2人の出した指の合計が4なので, 健の勝ちです。
なれてきたら, 出す指の数を増やしていきましょう。

アイ パックト マイ バッグ

「アイ パックト マイ バッグ」（I packed my bag）は，記おく力が試されるゲームです。

ゲームのあそび方

みんなで想像上のかばんにいろいろな物をつめていきます。想像なので，中につめるものは何でも OK です。

・最初の人が，I packed my bag with ～「わたしはかばんに～をつめました」と言って，その後にことばを１つ言います。

・次の人は，同じことをくり返し言い，最後に自分がつめた物をたして言います。

・かばんにつめた物はどんどん増えていきます。言う順番をまちがえたり，言えなかったりする人が負けです。

かばんにつめる物の例

ball「ボール」   **camera**「カメラ」

hat「ぼうし」   **jacket**「ジャケット」

key「かぎ」   **love**「愛」

ゲームの流れ

①最初の人がかばんにつめた物を言います。

I packed my bag with a ball.
「わたしはかばんにボールをつめました」

②順番に物を１つずつつけたして言っていきます。

I packed my bag with a ball and a hat.
「わたしはかばんにボールとぼうしをつめました」

I packed my bag with a ball, a hat, and a camera.
「わたしはかばんにボールとぼうしとカメラをつめました」

I packed my bag with a ball, a hat, a camera and a key.
「わたしはかばんにボールとぼうしとカメラとかぎをつめました」

I packed my bag with a ball, a camera ...
「わたしはかばんにボールとカメラと…」

うわっ，hat を言い忘れた！

アイ ライク トゥ …

「アイ ライク トゥ …」（I like to ...）は「わたしは…するのが好^すきです」という意味です。このゲームでも記^きおく力が重要^{じゅうよう}になります。

ゲームのあそび方

・それぞれが「するのが好きなこと」を順番^{じゅんばん}に言っていきます。
・そのとき，前の人が言ったことを言い直してから，自分の「するのが好きなこと」を言います。
・最後^{さいご}の人が全員^{ぜんいん}の好きなことを言えたら成功^{せいこう}です。

ゲームの流^{なが}れ

①最初^{さいしょ}の人は自分が「するのが好きなこと」を言います。

I like to run.「ぼくは走るのが好きです」
^{アイ らイク トゥ ラン}

②次の人は，前の人のことばを言い直して，それに自分が「するのが好きなこと」をたして言います。

Ken likes to run. I like to sing.
^{らイクス} ^{トゥ ラン} ^{アイ らイク トゥ スィング}
「健は走るのが好きです。わたしは歌うのが好きです」

I を Ken に，like を likes に変^かえることに注意^{ちゅうい}してください。

456

_{ライクス トゥ ラン} _{リサ} _{ライクス} _{トゥ スィング}
Ken likes to run. Lisa likes to sing.
_{アイ ライク トゥ ぷれイ テニス}
I like to play tennis.

「健は走るのが好きです。リサは歌うのが好きです。
わたしはテニスをするのが好きです」

_{ライクス トゥ ラン} _{リサ} _{ライクス トゥ スィング}
Ken likes to run. Lisa likes to sing.
_{ライクス} _{トゥ ぷれイ テニス} _{アイ ライク トゥ ワ(ー)ッチ ティーヴィー}
Yuki likes to play tennis. I like to watch TV.

「健は走るのが好きです。リサは歌うのが好きです。
ユキはテニスをするのが好きです。ぼくはテレビを見
るのが好きです」

I like to ... の後に使えることばの例

_{ラン}
run「走る」

_{スィム}
swim「泳ぐ」

_{スィング}
sing「歌う」

_{ベイク} _{ア ケイク}
bake a cake「ケーキを焼く」

_{リード} _{ブックス}
read books「本を読む」

_{ワ(ー)ッチ} _{ティーヴィー}
watch TV「テレビを見る」

_{ぷれイ} _{テニス}
play tennis「テニスをする」

_{ぷれイ} _ざ _{ピアノウ}
play the piano「ピアノをひく」

とても覚えていられる自信がないよー。

そんなときは，みんなでジェスチャーなどして
助けてあげましょう。

ダック，ダック，グース

「ダック，ダック，グース」（Duck, Duck, Goose）は日本の「ハンカチ落とし」に似た，アメリカで古くからあそばれているゲームです。

ゲームの流れ

①オニ（it）を決めます。

You are " it." 「きみがオニだよ」

②他の人たちは円になり，内側を向いて座ります。

③オニは，円の外側にそって歩いていきます。そのとき，一人ひとりの頭をさわりながら，duck または goose と言います。

duck

duck は「アヒル」，goose は「ガチョウ」の
意味です。

④ duck と言われた人はセーフです。goose と言われ
た人はアウト。立ち上がり，オニを追いかけます。

goose!

⑤ goose と言われた人が座っていたところに座れれ
ばオニの勝ち，その前に goose と言われた人にタッ
チされるとオニの負けです。

⑥オニの勝ちなら，今度は goose の人がオニになり
ます。

オオカミさん，今何時？

「オオカミさん，今何時？」(What's the time, Mr. Wolf?) は日本の「だるまさんころんだ」に似たゲームです。

ゲームの流れ

① Mr. Wolf「オオカミさん」となるオニを決めます。

②オニはかべの前にみんなに背を向けて立ちます。他の人たちはオニと反対側の離れたところに横一列に並びます。

③オニにみんなでたずねます。

What's the time Mr. Wolf?
「オオカミさん，今何時？」

オニ
(Mr. Wolf)

④オニは好きな時間を答えます。

イッツ スリー オクら(ー)ック
It's three o'clock.「3時です」

⑤「3時」なので，全員が3歩前に進みます。
　③〜⑤までをくり返します。

⑥オニはみんなが十分に近づいたと思ったら，「夕食
　の時間だ！」と言って，みんなを追いかけます。

イッツ ディナァ タイム
It's dinner time!「夕食の時間だ！」

⑦オニにつかまった人が，今度はオニになります。

オニが "It's dinner time!" と言う前に，
オニにタッチできたらオニの負けという
ルールもありますよ。

さくいん

調べたい語句がわかっているときは、このさくいんで調べると便利です。
「アルファベットさくいん」(P.462 〜 476)と「日本語さくいん」(P.477 〜 495)に分かれています。
会話・単語編のコラムであつかっているものには🄙マークがついています。
色文字は，各編のタイトルを表しています。

アルファベットさくいん

472

日本語さくいん

・調べやすくするために，本編と比べて一部表現を変えている部分もあります。
・単語（動詞）や熟語訳の「～を」や「～に」は基本的に省略して表示しています。

477

480

485

486

492